Lorbas, nimm noch e Schlubberche

OSTPREUSSISCHES MOSAIK

Lorbas, nimm noch e Schlubberche

Sprichwörter, Redensarten
und Schwänke aus Ostpreußen

zusammengestellt von
Rudolf Meitsch
mit Scherenschnitten
von Hannelore Uhse

VERLAG GERHARD RAUTENBERG

CIP-Titelaufnahme der Deutschen Bibliothek

Nimm noch e Schlubberche : Sprichwörter, Redensarten, Schwänke aus Ostpreußen / zsgest. von Rudolf Meitsch. – Leer: Rautenberg, 1989
(Ostpreußisches Mosaik , Bd. 14)
ISBN 3-7921-0419-9
NE: Meitsch, Rudolf [Hrsg.], GT

Gesamtherstellung: Druckerei G. Rautenberg, 2950 Leer

Printed in West Germany
ISBN 3-7921-0419-9

Vorwort

Der Verlag Gerhard Rautenberg, Leer, hatte vor etwa drei Jahren seine Kunden gebeten, Redensarten, Sprichwörter und besondere Ausdrücke aus Ostpreußen, die ihnen noch in Erinnerung waren, einzusenden. Eine beachtliche Menge ging ein, manches natürlich doppelt und dreifach. Ich wurde gebeten, die Einsendungen zu bearbeiten, zu sichten und zu ergänzen. Diese Bitte war wie der Anstoß mit einem Zauberstab: Jahrzehnte versanken, und man war wieder mit Erich und Helmut, mit Willi und Walter zu Hause auf der Dorfstraße, im Holzscheuer, auf der Ziegelei. Im Herbst saßen wir, wenn es schimmrig geworden war, in den riesigen Haufen von Kastanienblättern, jeder wußte etwas zu erzählen, ein Rätsel aufzugeben. Wir saßen abends auf der Ziegelei am Pregel, vor den offenen Feuerlöchern am Brennofen. Der alte Bogdan, so wortkarg er meist war, wußte manchen Schwank, manche Schauergeschichte, wenn er bei Laune war.

Nicht alles, was man bei den Gärtnerjungens oder den Scharwerkern aufgeschnappt hatte, durfte man zu Hause hören lassen: das war ja ein auf Hochdeutsch getrimmter Gutsbeamtenhaushalt. Vergessen wurde aber deshalb weder das Plattdeutsche noch die Redensarten und Geschichten. Der Vorrat wurde vielmehr noch in Dorf- und Stadtschule, bei Arbeitsdienst und Militär ergänzt.

Viele Leser werden mit Recht fragen, warum fast alle Texte in Hochdeutsch gebracht werden. Wir haben doch damals diese Geschichtchen, Redensarten und Sprichwörter in Platt kennengelernt.

Da gilt das, was Fritz Audirsch im Vorwort zu der Sammlung „Hahnchen und Huhnchen" vor zwanzig Jahren sagte: „Vieles wurde bei uns plattdeutsch erzählt. Aber es gibt nur wenige, die dieses Platt noch lesen und sprechen können. Wer es noch vermag, sollte seinen Kindern und Enkeln alles in der Mundart erzählen, damit die herbe Kraft der plattdeutschen Muttersprache nicht gar zu rasch verloren geht. Es wäre schön, wenn ein Klang davon lange in unserem Ohr und ein wenig Freude daran immer in unserem Herzen bliebe. Es ist ein Stück Vätererbe, das wir erhalten wollen."

1975 erschien im Verlag Gerhard Rautenberg ein Band „So schabberten wir tu Hus". Ostpreußische Wörter, die dort zusammengestellt wurden, erscheinen nicht in diesem Band, abgesehen von einigen ganz wenigen Ausnahmen, bei denen sich eine wesentlich andere Bedeutung ergab, als bisher angegeben.

Rudi Meitsch

Inhalt

Ostpreußische Sprichwörter

Vom Äte un Drinke läwe de meiste Mönsche

Wo väle äte, ward ok noch eener satt.

Wo viele essen, wird auch noch einer satt.

***

Fuulä, willst e Ei? Joa, wennt jescheelt öss.

Fauler, willst ein Ei? Ja, wenn es geschält ist.

***

Wer kein Brot hefft, mott de Botter dreej äte.

Wer kein Brot hat, muß die Butter trocken essen.

***

Äte on Drinke hölt Liw on Seel tosamme;
manche Mönsche nähre söck davon.

Essen und Trinken hält Leib und Seele zusammen;
manche Menschen nähren sich davon.

***

De Komst schmeckt erscht goot,
wenn de Su dorchgejagt öss.

Der Kohl schmeckt erst gut,
wenn die Sau durchgejagt ist.

***

Bäter e Luus öm Komst als goar kenn Fleesch.

Besser eine Laus im Kohl als gar kein Fleisch.

***

De Kääksche on de Katt ware vom Löcke satt.

Die Köchin und die Katze werden vom Lecken satt.

***

Wer dat Fleesch gegete heft,
kann ok de Knokes frete.

Wer das Fleisch gegessen hat,
kann auch die Knochen fressen.

***

Grött moakt lostig, oaver schwach oppe Been.

Grütze macht lustig, aber schwach auf den Beinen.

***

Dicker Drank moakt fette Schwien.

Dicker Drank (Schweinefutter) macht fette Schweine.

***

Dreeg Brot kleckert nich.

Trocknes Brot kleckert nicht
(es tropft oder fällt nichts herunter).

***

Wenn de Muus satt öss, denn ös dat Kornke bötter.

Wenn die Maus satt ist, dann ist das Körnchen bitter.

***

Ettst nich, wat de Muus bebött, mottst ete,
wat de Muus beschött.

Ißt du nicht, was die Maus bebeißt (benagt),
mußt du essen, was die Maus besch…

***

Bequem gesäte on langsam gefräte: man gloowt nich, wat man ön sien Liw rönschloage kann.

Bequem gesessen und langsam gegessen: man glaubt nicht, was man in seinen
Leib reinschlagen kann.

***

Wat de Bur nich kennt, dat frett he nich.

Was der Bauer nicht kennt, das frißt er nicht.

***

Beneidetes Brot schmeckt gut.

***

He frätt seck ambarschtig.

Er ißt, bis er platzt.

***

He frätt wi e Schwien am Trog.

Er frißt wie ein Schwein am Trog,
d. h. er schmatzt und schlürft.

***

En de Sopp kicke mehr Oge ren wie rut.

In die Suppe sehen mehr Augen hinein als heraus (die Suppe ist fast ohne Fett).

***

Dat es so, als wenn e Peerd e Himbeer krecht.

Das ist so, als wenn ein Pferd eine Himbeere bekommt (fast gar nichts).

***

Platz öck, so platz öck!

Hebb öck doch minem Liw wat Goods gedoane.

Platz ich, so platz ich!
Hab ich doch meinem Leib was Gutes getan.

***

Langsam äte un dicht fliee,
du gloowst nich, wat du beherbarge kannst.

Langsam essen und dicht fleihen (stapeln),
du glaubst nicht, was du beherbergen kannst.

***

In der allergrößten Not,
ißt man Fleisch auch ohne Brot

***

Wer kein Brot hefft, mott et Fleesch dreej äte.

Wer kein Brot hat, muß das Fleisch trocken essen.

***

Wenn du dat nich fräte wellst,
denn frät kleene Steener.

Wenn du das nicht essen willst,
dann iß kleine Steine.

***

Gistre noch frösch on gesund,
on hiede schmeckt' s all wedder.

Gestern noch frisch und gesund,
und heute schmeckt es schon wieder.

***

Kemmst noa Hus, seekst wat to äte,
kickst enne Rehr, es renje...stellt.

Kommst nach Hause, suchst was zu essen,
siehst in die Röhre, ist reinge... stellt.
(Reimt sich nur auf Platt)

***

Hau ren, Koslowski, öss Kujelfleesch.

Hau rein, Koslowski, es ist Fleisch vom Schwein
(Kujel).

***

Kein Vogelke fleegt so hoch,
sien Futter mott et doch oppe Erd seeke.
Kein Vogel fliegt so hoch, sein Futter muß er doch
auf der Erde suchen.

***

Besser den Magen verrenkt,
als dem Wirt was geschenkt.

Öck ät alles, ook Fleesch.

Ich esse alles, auch Fleisch.

***

Säßen wir alle zu Tisch,
wer brächt' uns dann die Fisch'?

***

Bi goodem Eete un Drinke kann eenä de schwoorste Oarbeit leicht misse.

Bei gutem Essen und Trinken
kann einer die schwerste Arbeit leicht missen.

***

Bliewt bute – wi äte!

Bleibt draußen – wir essen!

***

Drinkt emoal, dat et nich so scharp ävert Äte geit!

Trinkt auch mal,
daß es nicht so scharf über's Essen geht.

***

Schnapske mott sön; Brootke, wenn sön kann.

Schnaps muß sein; Brot wenn sein kann.

***

Wer Schnaps trinkt, steckt auch Häuser an.

***

Frei di Gorgel, et kömmt e Platzregen!
Freu dich, Gurgel, es kommt ein Platzregen!

***

Liebes Sonnchen, scheine auf meine nackten Beine;
ich will auch nicht mehr saufen
und mir lieber Strümpfe kaufen.

***

Dat öss dat reine Wort Gottes.
Das reine Wort Gottes = reiner Kornschnaps.

***

Prost! Wer nuscht hätt, de hoost.
Prost! Wer nichts hat, der hustet.

***

De hätt de Huck voll.
Der ist betrunken.

***

De hefft de Näs ok nich vom Kaffeedrinke.
Der hat die Nase (rote Nase) auch nicht vom Kaffeetrinken (sondern vom Schnaps).

***

De hett seck de Klompe vollgescheppt.
Der hat sich die Klumpen vollgeschöpft (betrunken).

***

Eenem op de Lamp geete.

Einen auf die Lampe gießen (einen trinken).

***

Öck drink Schnaps, dat duhnt beter.

Ich trinke Schnaps (statt Bier oder Wein),
davon wird man schneller betrunken (duhn).

***

Der hat sich eingebrannt.

Der hat sich betrunken.

***

De ös em Seng.

Der ist betrunken.

***

Der ist schon wieder im Stiem (betrunken);
er säuft ja Steine aus der Erde (unmäßig).

***

Oarbeit öss kein Hoaske, se rennt nich weg. Arbeit ist kein Hase, sie läuft nicht weg.

Eener kann wohl alleen äte, oawer nich alleen oarbeide.

Einer kann wohl allein essen, aber nicht allein arbeiten.

***

Vom vele Oarbeide krepeere de Perd.

Vom vielen Arbeiten gehen die Pferde ein.

***

De Fuhla schläpt söck to Dood,
de Flietja rennt söck to Dood,
starwe motte se beide.

Der Faule schläft sich zu Tode,
der Fleißige rennt sich zu Tode,
sterben müssen alle beide.

***

Deihst nuscht, daugst nuscht;
deihst wat, denn hebbes die
alle Näslang biem Kräppschull.

Tust nichts, taugst nichts;
tust was,
dann haben sie dich alle Naselang beim Kragen.

***

Am Oawend ward de Fuhla flietig.

Am Abend wird der Faule fleißig.

***

Wer am Dag schlöppt,
mot ön er Nacht sin Ruh hebbe.

Wer am Tag schläft,
muß in der Nacht seine Ruhe haben.

***

He boahrt am leewste doa,
wo dat Brett am dönnste öss.

Er bohrt am liebsten da,
wo das Brett am dünnsten ist.

***

„Koppoarbeit ös nich leicht",
seggt de Bur tom Pfarr,
„öck seh et an mine Osse."

„Kopfarbeit ist nicht leicht",
sagt der Bauer zum Pfarrer,
„ich sehe es an meinen Ochsen."

***

Wenn de Fru Moagd ös on de Bur Knecht,
geit et goot ön Hus on Hoff.

Wenn die Frau Magd ist und der Bauer Knecht,
geht es gut in Haus und Hof.

***

Geschwind gespoot deit niemoals goot,
on langsam bringt ok nuscht ön.
Geschwind beeilt tut niemals gut,
und langsam bringt auch nichts ein.

***

De hätt alles Dume an siene Händ.
Er hat nur Daumen an seinen Händen
(er ist zur Arbeit nicht zu gebrauchen)

***

Wer söck als Hund utgöfft, mott ok belle.
Wer sich als Hund ausgibt, muß auch bellen.

***

Hat er sich als Pferd verdungen,
muß er auch als Pferd ziehen.

***

Dat Äte gönn ök ju, oaver de Tiet nich.
Das Essen gönne ich euch, aber die Zeit nicht.

***

Ohne Schweine zu füttern,
wirst du nicht Herr werden.

***

Eine faule Magd klagt über den Besen.

***

Des Herren Auge hilft mehr als seine beiden Hände.

***

Vorgegessenes Brot ist schwer abzuarbeiten.

Hei ös flietig, wenn de Fule nich to Huus sönd.
Er ist fleißig, wenn die Faulen nicht zu Hause sind.

***

Kömmst nich hiede, kömmst doch morge,
ävermorge ganz gewöß.
Kommst nicht heute, kommst doch morgen,
übermorgen ganz gewiß.

***

Öck pack de Koh möt Hanschkes an,
damöt se mi nich biete kann.
Ich fasse die Kuh mit Handschuhen an,
damit sie mich nicht beißen kann.

***

Spönne göft e kleen Gewinn; oaver wer't nich deit,
see man to, wie't em geiht.
Spinnen gibt kleinen Gewinn; aber wer's nicht tut,
sehe zu, wie es ihm geht.

***

Ös de Meller schwart on de Schmöd witt,
denn ös schlechte Tiet.
Ist der Müller schwarz und der Schmied weiß,
dann ist schlechte Zeit.

***

Wer got schmert, de got färt.

***

Wo der Herr auf dem Felde nicht herumgeht,
da geraten keine Erbsen.

***

Schloape goahne öss wohl gedoahne,
morge wöll wi fröh oppstoane.

Schlafen gehen ist wohl getan,
morgen wollen wir früh aufstehen.

***

Et öss nich alle Doage Sinndag.

Es ist nicht alle Tage Sonntag.

***

Mittag kann man zu jeder Zeit machen,
aber der Abend kommt von selber.

***

Der Arme, der erwirbt, hat mehr als der Reiche,
der verdirbt.

***

Wat nich öss, kann noch warre.

Was nicht ist, kann noch werden.

***

Eck Herr, du Herr; wer ward dem Löschke dräge?

Ich Herr, du Herr; wer wird den Beutel tragen?

***

Wer Glöck hefft, dem fohlt de Wallach.

Wer Glück hat,
der bekommt auch vom Wallach ein Fohlen.

***

De hefft von säwe Gäns Worscht to moake.

Er hat von sieben Gänsen Wurst zu machen
(er macht viel Aufhebens
und macht viel überflüssige Arbeit).

***

Unrecht Goot gedeiht nich,
on witte Hundschiet schemmelt nich.

Unrecht Gut gedeihet nicht, und weißer Hundedreck
schimmelt nicht.

***

Wenn et dem Pracher schlecht geiht,
verleert he ok noch sienem Krepsch.

Wenn es dem Bettler schlecht geht,
verliert er auch noch seinen Beutel.

***

Wer sök Duwe hölt on Zigarr rokt,
de sitt sin Geld önne Loft romflöge.

Wer sich Tauben hält und Zigarren raucht,
sieht sein Geld in der Luft rumfliegen.

***

De schmött mit dem Geld rom,
als wenn de Doaler e Dittke kost.

Der wirft mit dem Geld herum,
als wenn der Taler einen Dittchen (10 Pfennig) kostet.

***

Väl flietige Händ moake boal e End.

Viele fleißige Hände machen bald ein Ende..

Wenn dem Bur de Frues starwe
on de Fohles goot geroade, ward er riek.

Wenn dem Bauer die Frauen sterben
und die Fohlen gut geraten, wird er reich.

***

Utem gnosje Farkel
wart manchmal dat beste Schwien.

Aus einem schlechten Ferkel
wird manchmal das beste Schwein.

***

Et regnet, Gott segnet, Mutter joag de Kiekel ruut,
de Voader wart se heede.

Es regnet, Gott segnet, Mutter, jage die Küken raus,
der Vater wird sie hüten.

***

Stobbes jewe dreemoal Hett:
biem Utmoake, biem Hacke on em Oawe.

Stubben geben dreimal Hitze:
beim Ausmachen, beim Hacken und im Ofen.

***

Eerscht de Piep in Brand
on denn de Koh utem Groawe.

Erst die Pfeife in Brand gesteckt
und dann die Kuh aus dem Graben.

***

Von Ilau öss he nich, de öss ut Langederp.

Aus Eylau ist er nicht, er ist aus Langendorf
(er ist ein langsamer Mensch).

***

Wenn et ok langsoamke geiht,
doafer schafft et ok e Schiet.

Wenn es auch langsam geht,
dafür schafft es auch fast nichts.

***

Nusche to boxe, nuscht to ringe,
kein Klavier oppe Lucht to bringe?

Nichts zu boxen, nichts zu ringen,
kein Klavier auf den Boden zu bringen?

***

De hätt so veel Lost tom Oarbede
wi de doodje Hund tom Belle.

Der hat so viel Lust zum Arbeiten
wie der tote Hund zum Bellen.

***

De Diewel schött ömmer opp'm grettste Hupe.

Der Teufel macht immer auf den größten Haufen
(wer schon hat, dem wird auch noch gegeben).

***

Er öss fuul wie e Rung.

Er ist faul wie eine Runge.
(Runge = Seitenstützbalken am Leiterwagen)

***

Mädchen, mach‘ die Augen auf, Heirat ist kein Pferdekauf.

Dat hübschte Mäke hefft e Droppke an de Näs.

Auch das hübscheste Mädchen hat ein Tröpfchen an der Nase.

***

Die Liebe fällt manchmal auf ein Lilienblatt
und manchmal auf einen Kuhfladen.

***

Frühe Saat und frühe Heirat gelten immer.

***

Wat nuscht faret Oog öss, öss ook nuscht faret Hart.

Was nichts für‘s Auge ist, ist auch nichts für‘s Herz.

***

Wenn man frie wöll, mot man erscht e Nest moake.

Wenn man heiraten will,
muß man erst ein Nest machen.

***

Vör de Hochtit mottst du‘s wen‘n,
noa de Hochtit ös‘t tau Enn.

Vor der Hochzeit mußt du‘s wenden,
nach der Hochzeit ist es damit zu Ende.

***

Wenn de Mann öss wi e Lus on de Fru wi e Hus,
mott se doch gehorche.

Wenn der Mann wie eine Laus
und die Frau wie ein Haus ist,
gehorchen muß sie doch.

***

Wenn de Mann öss wi e Mus on de Fru öss wi e Hus,
so heft he doch de Händ boawe
on kann dem Wiw dat Fell utgarwe.

Wenn der Mann wie eine Maus und die Frau wie
ein Haus ist, so hat er doch die Hände oben
und kann der Frau das Fell gerben.

***

De Mann öss dat Haupt, on de Fru öss de Kron;
on wenn de Kron vollgestöwert öss,
mott se utgekloppt warre.

Der Mann ist das Haupt, und die Frau ist die Krone;
und wenn die Krone vollgestaubt ist,
muß sie ausgeklopft werden.

***

Der Geschmack ist verschieden;
dem einen gefällt die Mutter,
dem andern die Tochter,
und manchem alle beide.

***

Schönheit vergeht, die Backen fallen ein,
und die Häßlichkeit kommt hinterdrein.

***

Die erste freit der liebe Gott,
die zweite freien gute Leute,
die dritte freit der Teufel an.

***

Junge Mönsche ziert dat Jesöcht, ohle de Kleeder.
Junge Menschen ziert das Gesicht, alte die Kleider.

***

Fröschet Brot on frösche Botter,
ohlet Beer on e junge Mutter –
dat schmeckt onsem Voader got.

Frisches Brot und frische Butter,
altes Bier und eine junge Mutter,
das schmeckt unserem Vater gut.

***

Wenn der liebe Gott einen Narren haben will,
läßt er dem alten Mann die Frau sterben.

***

Ein altes Weib und ein Dudelsack
brummen beide bei Nacht und Tag.

***

Schwiegermütter und Schinken sind am besten kalt.

***

Dat biske Lew öss dem Arme sin Broade.
Das bißchen Liebe ist des Armen Braten.

***

On wenn allet koppsteiht:
Mann on Wiew gehöre tosamme.

Und wenn alles Kopf steht:
Mann und Frau gehören zusammen.

***

Wat ole Wiewer frie, dat deit de Diewel trie.

Was alte Weiber freien, das traut der Teufel.

***

Alter Mann – lieber Gott,
altes Weib – alter Deiwel.

***

Wenn de Frues wasche on backe,
hebbe se meist den Diewel öm Nacke.

Wenn die Frauen waschen und backen,
haben sie den Teufel im Nacken.

***

Dicket Perd on dicket Wiew ziert de Wirtschaft.

Dickes Pferd und dicke Frau zieren die Wirtschaft.

***

Wenn de ohle Wiewer an to danze
on de lichte Wolke an to regne fange,
de höre nich boal op.

Wenn die alten Frauen anfangen zu tanzen
und die hellen Wolken zu regnen,
so hören die sobald nicht auf.

***

6 x 6 ist 36, ist die Frau auch noch so fleißig und der Mann ist liederlich, geht die ganze Wirtschaft nicht.

***

Et öss leichter, e Sack voll Flee to heede wie e junget Mäke.

Es ist leichter, einen Sack voll Flöhe zu hüten als ein junges Mädchen.

***

„Alles met Moaß", seggt de Schnieder, on schloag sine Fru mette Ell.

„Alles mit Maß", sagte der Schneider und schlug seine Frau mit der Elle.

***

He fried ene mette koale Noarsch.

Er freite eine mit einem kahlen Hintern (eine, die nichts in die Ehe mitbrachte).

***

Goot gefresteckt langt fer em Dag,
goot geschlacht langt fer em Winter,
goot gefriet langt fer et ganze Lewe.

Gut gefrühstückt reicht für den Tag,
gut eingeschlachtet reicht für den Winter,
gut geheiratet für's ganze Leben.

***

Sonnenregen und alter Weiber Tanz
dauern nicht lange.

***

So lang de leewe Gott Junges gefft, gefft he ok Bexe.

Solange der liebe Gott Jungen gibt,
gibt er auch Hosen.

***

Marjelles, de piepe, on Hehner, de krähje,
de mott man bitiedens dat Gneck omdreje.

Mädchen, die pfeifen, und Hühnern, die krähen,
denen muß man beizeiten das Genick umdrehen.

***

Joa, joa, dat ös e rike Bruut!
Se hätt als Mötgöft e Schnoppdook voll Wäsch on e eenschlepiget Bedd mötgebrocht.

Ja, ja, das ist eine reiche Braut!
Sie hat als Mitgift ein Taschentuch voll Wäsche und ein einschläfiges Bett mitgebracht.

***

Hei öss Herr im Hus,
man önne Stoav darf hei nich koame.

Er ist der Herr im Haus,
aber in die Stube darf er nicht.

***

Vor der Hochzeit gibt es Küsse,
nach der Hochzeit Schmisse.

***

E kleen Kind öss beter wie e Kalf,
et geit mi nich ön e Hoaver.

Ein kleines Kind ist besser als ein Kalb,
es geht mir nicht in den Hafer.

***

E ol Wief on e ol Koh ös ömmer noch woto;
e ol Mann on e ol Peerd öss nuscht weert.

Eine alte Frau und eine alte Kuh
sind immer noch zu gebrauchen;
ein alter Mann und ein altes Pferd sind nichts wert.

***

Wat mott sök de Mönsch quäle, bet hei Grooßvoader warrt, on denn hefft hei doch noch nich Ruh; denn heet et: Grooßvoader, steet doch e bößke de Weeg an.

Was muß sich der Mensch doch quälen, bis er Großvater wird, und dann hat er doch noch nicht Ruhe; dann heißt es: Großvater, stoß doch ein bißchen die Wiege an.

***

Et öss Tied, dat du friest,
denn de Mönsch öss doch kein Wallach.

Es ist Zeit, daß du heiratest,
denn der Mensch ist doch kein Wallach.

***

Wer ein böses Weib hat,
der gehe in den Wald am Montag,
schneide einen Stock am Dienstag,
komme nach Hause am Mittwoch
und prügle sein Weib am Donnerstag:
so stirbt sie am Freitag;
begräbt er sie am Sonnabend,
dann hat er einen lustigen Sonntag.

De Mensch ward olt wi e Koh,
he lehrt ommer noch dartoo.
Der Mensch wird alt wie eine Kuh,
er lernt immer noch dazu.

Utred öss to allem goot, bloß nich tom Schietegoane.
Ausrede ist zu allem gut, nur nicht zum Austreten.

***

Gott regiert die Welt und der Knüppel
die Menschen.

***

Man titt söck nich eher ut,
als bet man söck schloape leggt.
Man zieht sich nicht früher aus,
als man sich schlafen legt.

***

Ärger di erscht am drödde Dag.
Ärger dich erst am dritten Tag.

***

Korte Beene moake dem Wegg lang.
Kurze Beine machen den Weg lang.

***

E kleenet Etwas öss bäter als e grotet Nuscht.

Ein kleines Etwas ist besser als ein großes Nichts.

***

Man muß das schmutzige Wasser nicht früher ausgießen, als bis man reines hat.

***

Häst Pech, bräkt di de Finger inne Näs aff.

Wenn du Pech hast,
bricht dir der Finger in der Nase ab.

***

Wer lang froagt, de gäfft nich gern.

Wer lange fragt, gibt nicht gern.

***

Suup di voll und frät di dick
on hol de Frät von Politik.

Sauf dich voll und friß dich dick
und halte den Mund von Politik.

***

„To wat sull man frere, wenn man Kleder hätt",
säd de Lompesammler,
un bedeckt söck met a Paar Hosedräger.

***

„Warum soll man frieren, wenn man Kleider hat",
sagt der Lumpensammler,
und bedeckt sich mit einem Paar Hosenträger.

Bi dem könne söck de Mies foarts Blootbloase undre Feet renne.

Bei dem können sich die Mäuse direkt Blutblasen unter die Füße rennen.

***

Seegst ok schon dem Ganter dorch dem Tuun pösse?

Sahst du schon den Ganter durch den Zaun pinkeln? (Das fragt man jemand, der alles kennen will.)

***

Wer leje well, mott e godet Gedächnis hewe.

Wer lügen will, muß ein gutes Gedächtnis haben.

***

De schnett seck vor Giez eher in ehre Finger als enne Worscht.

Die schneidet sich vor Geiz eher in den Finger als in die Wurst.

***

De ös so giezig, dat he nich emoal schnarcht, wenn er schlept.

Der ist so geizig, daß er nicht einmal schnarcht, wenn er schläft.

***

„Veel Geschrie on wenig Woll", säd de Diewel on schoor de Suu.

„Viel Geschrei und wenig Wolle", sagte der Teufel und schor die Sau.

He huckt oppem Jeldbiedel wie e Kluck oppe Eier.
Der sitzt auf dem Geldbeutel
wie die Glucke auf den Eiern.

***

Dem Besoapene leggt de lewe Gott e Kösske under.
Dem Betrunkenen legt der liebe Gott
ein Kissen unter
(d. h. er verletzt sich nicht).

***

Der liebe Gott macht eine Tür zu,
und die andere macht er auf.

***

„Dat ös en Äwergang", säd die Hoahn tom
Regenworm on freet em op.
Das ist ein Übergang, sagte der Hahn zum
Regenwurm und fraß ihn auf.

***

„Reinlichkeit ös dat halwe Leewe", säd de Mutter,
on feegt mit dem Bessem dem Desch af.
„Reinlichkeit ist das halbe Leben", sagte die Mutter,
und fegte mit dem Besen den Tisch ab.

***

Dat höllt von twelf bet Meddach.
Das hält von zwölf bis Mittag
(d. h. gar nicht)

***

Dat schoadt ons Mutter goarnuscht,
dat mi de Händ terfrere,
wat streckt se mi ok keine Handschkes.

Das schadet meiner Mutter gar nichts,
das mir die Hände erfrieren,
warum strickt sie mir auch keine Handschuhe.

***

Wer gut sitzen will, mag zu Hause sitzen.

***

Wer das Kleine verachtet,
wird des Großen nicht Herr.

***

Machst du dich zum Schaf, so frißt dich der Wolf.

***

Wenn wi starwe, si wi dodt,
wenn wi backe, heww wi Brot,
wenn wi brue, heww wi Beer,
wenn wi't ut hebbe, wöll' wi mer.

Wenn wir sterben, sind wir tot,
wenn wir backen, haben wir Brot,
wenn wir brauen, haben wir Bier,
wenn wir es aus haben, wollen wir mehr.

***

Hool di am Tun, de Himmel ös hoch.

Halte dich am Zaun, der Himmel ist hoch
(Aufforderung, sich an Tatsachen zu halten)

***

Wenn dem oppe Kopp stellst,
fallt keen Dittke ut siene Fuppe.

Wenn man den auf den Kopf stellt
fällt kein Groschen aus seiner Tasche.

***

Ein Ostpreuß' von der rechten Art,
trägt seinen Pelz bis Himmelfahrt;
fängt er dann noch zu frieren an,
so trägt er ihn bis Sankt Johann;
und tut ihn dann der Bauch noch weh,
so trägt er ihn bis Bartholomä;
kommt ihm dann noch das Frieren an,
so zieht er ihn von neuem an.

***

Met enem Noarsch kannst nich op twe Hochtiede danze.

Mit einem Hintern kannst du nicht auf zwei Hochzeiten tanzen.

***

Wat tom Schwienstrog utgehaue öss,
wat em Leewe kein Fiddel.

Was zum Schweinetrog ausgehauen ist,
wird im Leben keine Geige.

***

Das kannst du einem erzählen,
der keine Krempe am Hut hat.

***

Kannst di drelle wi du wellst,
de Noarsch blefft emmer hinde.

Du kannst dich drehen wie du willst,
der Hintern bleibt immer hinten.

***

De schett op em Pfennig,
dat de Zoahl nich to seene öss.

Der macht auf den Pfennig,
das die Zahl nicht zu sehen ist
(er ist geizig).

***

De Kiekels welle emmer kleker sen als de Kluck.

Die Küken wollen immer klüger sein als die Glucke.

***

Ohler Mensch öss wi e Schatte –
klattert he äwre Tuhn, öss he oppe andre Sied.

Ein alter Mensch ist wie ein Schatten –
klettert er über den Zaun, ist er auf der anderen
Seite.

***

Sittst, wat kröppst; wärscht nich gekroape,
wärscht nich versoape.

Siehst du, warum kriechst du;
wenn du nicht gekrochen wärst,
wärst du auch nicht ertrunken.

***

Schwarte Kehj gewe ok witte Melk.
Schwarze Kühe geben auch weiße Milch
(jemand ist über etwas sehr erstaunt).

***

Red' moal met de Koh franzeesch,
wenn se noch nich emoal dietsch kann.
Rede mal mit der Kuh französisch,
wenn sie nicht einmal deutsch kann
(jemand etwas vergeblich erklären wollen).

***

Wenn ene Koh dem Zoagel heewt,
denn heewe se em alle on bisse los.
Wenn eine Kuh den Schwanz hebt,
heben ihn gleich alle und rennen los.

***

Doa schett de Koh Gemell!
Da macht die Kuh Gemüll!
(Ausdruck des Erstaunens oder des Ärgers).

***

Omsonst ös nich emoal de Dot, de kost et Lewe.
Umsonst ist nicht einmal der Tod,
der kostet das Leben.

***

Wenn dich die bösen Buben locken,
zieh die Schlorren aus und renn' auf Socken.

***

Dat moak wi, on wenn de Kluck vonne Eier geiht.
Das tun wir,
und wenn die Glucke von den Eiern geht.

***

Jedet Deerke hefft sien Maneerke.
Jedes Tierchen hat seine Manieren (seine Art).

***

Das is einer mit Ärmel.
Das ist ein ganz geriebener.

***

So was krauft auf der Lucht nich rum.
So etwas kriecht auf dem Dachboden nicht herum
(so etwas gibt es nicht noch einmal).

***

Man kann nicht aus Dreck Zwerge
(kleine Glumskäschen) machen.

***

Wenn Gäst koame, freit ener sik twemoal:
toerscht, wenn se koame, on denn,
wenn se wedder goane.
Wenn Gäste kommen, freut man sich zweimal:
erst wenn sie kommen,
und dann, wenn sie wieder gehen.

***

Man muß nicht alle Knüppel aufsammeln,
die man einem nachwirft.

***

Wer für jemand bürgt, den plagt der Teufel.

***

Wer de Wahrheit seggt, de hoast nich lang.

Wer die Wahrheit sagt, hustet nicht lange.

***

Besser die Wolle verlieren als das Schaf.

***

Dat öss ander Korn,
seggt de Bur on bött op Musdreck.

Das ist ein anderes Korn,
sagt der Bauer und beißt auf Mäusedreck.

***

Wer nich Angst hefft,
dem done se ok nuscht.

Wer nicht Angst hat,
dem tun sie auch nichts.

***

Helpt et nich, so schad't et ok nich.

Hilft es nicht, so schadet es auch nicht.

***

Ärger verdarwt de Schönheit.

Ärger verdirbt die Schönheit.

***

Jedet Hüske hefft sin Krüzke.
Jedes Haus hat sein Kreuz.

***

Wat nicht gegönnt was, schmeckt am beste.
Was einem nicht gegönnt wurde,
schmeckt am besten.

***

*Wenn söck de Bur e Zigarr mödde önt Gesöcht
gesteckt hefft,
denn denkt he, he öss e Herr.*
Wenn sich der Bauer eine Zigarre mitten ins Gesicht
gesteckt hat,
denkt er, er sei ein Herr.

***

Wat blössig jung ward, starwt ok blössig.
Wer mit einer Blesse jung ist,
stirbt auch mit einer Blesse.

***

*Dat wer eent, seggt dat Marjell
und hadd e Poarke.*
Das war eins, sagt das Mädchen
und hat ein Pärchen.

***

Das Auge des Herrn macht das Vieh fett.

***

Wenn de Stehner nuscht mehr hätt,
hätt de Proahler all lang nuscht mehr.

Wenn der Stöhner nichts mehr hat,
hat der Prahler schon lange nichts mehr.

***

Am ersten Tag ein lieber Gast,
am zweiten Tag eine Last,
am dritten Tag stinkt er fast.

***

He kann metem linke Ohr schlecht Kerscht biete.

Er kann mit dem linken Ohr schlecht die Kruste
beißen (jemand stellt sich dumm).

***

De Tiet verrentt, dat Licht verbrennt,
dat ohle Wiew starwt nich.

Die Zeit verläuft, das Licht verbrennt,
das alte Weib stirbt nicht
(man wartet vergeblich).

***

He kann Kattedreck öm diestre rieke.

Er kann Katzendreck im Dunkeln riechen
(Jemand meint, besonders klug zu sein).

Möt Langholt mootst nich quer foahre Mit Langholz mußt du nicht quer fahren

„Dat gefft seck aller no dem Lief",
seggt jen Schnieder on neegt dem Ärmel
ent Fupploch.

„Das gibt sich alles nach dem Körper",
sagt der Schneider und näht den Ärmel
ins Taschenloch.

***

Mottst nich glowe, Schwien hackt nich.

Das mußt du nicht glauben, das Schwein
hackt nicht.

***

Wenn ömmer stöll best,
kregst ok noch enne Kerch Prägel.

Wenn du immer still bist,
bekommst du auch noch in der Kirche Prügel.

***

Wenn du nöch weetst, ob mir, ob mich –
red plattdietsch, denn versspreckst di nich.

Wenn du nicht weißt, ob mir, ob mich,
rede plattdeutsch, dann versprichst dich nicht.

***

Wenn wenn nich wär, wär mancher Bur e Edelmann on mancher Pracher (Bettler) e Bur.

***

„Gliek bi gliek", seggt de Diewel tom Schornstienfeger, „öck si schwart on du nich witt."

„Gleich zu gleich", sagt der Teufel,
„ich bin schwarz und du nicht weiß."

***

Man muß so lange am Zaun entlang gehen, bis man hinübersteigen kann.

***

De Oss göfft nöch wat andret als e Stöck Rindfleisch.

Ein Ochse gibt nichts anderes als ein Stück Rindfleisch.

***

Spie nich önt Woater, dat du noch drinke mottst.

Spucke nicht in das Wasser,
das du noch trinken mußt.

***

E Su bliwwt e Su, ok wenn se bet Möddag liggt.

Eine Sau bleibt eine Sau,
auch wenn sie bis Mittag liegt.

***

Laß nur die Katze laufen, der Kater kriegt sie doch.

***

„Möttem Ast göftet, wenn ju nich Lehr annehme", säd jen Bur onn schmeet mettem Knöppel alle Hooahns dood, wiel se keine Eier legge wulle.

„Mit dem Ast gibt es, wenn ihr keine Lehre annehmen wollt", sagte der Bauer und warf mit dem Knüppel alle Hähne tot, weil sie keine Eier legen wollten.

***

Das ist eine schlechte Maus, die nur ein Loch weiß.

***

Vom Föhle ward kein Hohnke legge.

Vom Fühlen wird kein Huhn legen.

***

Wenn die Kuh aus dem Stall gestohlen ist, schließt man die Tür zu.

***

Önne Schnapsbuddel versupe mehr Mönsche als em Woater.

In der Schnapsflasche ertrinken mehr Menschen als im Wasser.

***

Gode Frind un trie Noawersch send nich met Gild to betoale.

Gute Freunde und treue Nachbarn sind nicht mit Geld zu bezahlen.

***

Fuul un klok nährt sik,
fuul un domm kommt om.

Faul und klug ernährt sich,
faul und dumm kommt um.

***

Wenn angeteigt ist, muß auch gebacken werden.

***

Laß deinen Mund verschlossen sein,
so schluckst du keine Fliegen ein.

***

Wenn man dem Wulf bi'm Noame nennt,
kömmt hei foorts öm Galopp gerennt.

Wenn man den Wolf beim Namen nennt,
kommt er sofort im Galopp angelaufen.

***

Spoare helpt nich, de Oarmot ös to groot.

Sparen hilft nicht, die Armut ist zu groß.

***

Wat goane dem Bock de Lämmer an,
dat Schoap mot se ledde.

Was gehen den Bock die Lämmer an,
das Schaf muß sie führen.

***

Wer Glück hat, dem kalbt der Ochse im Stall;
wer Unglück hat, dem fällt die letzte Kuh.

***

Wer sik nich besteewre wöll,
mot nich op de Mähl goane.

Wer sich nicht bestauben will,
darf nicht auf die Mühle gehen.

***

Ons leew Gottke velätt keinem Dietsche nich,
on wer vesupe soll, de vehungert nich.

Der liebe Gott verläßt keinen Deutschen,
und wer ertrinken soll, der verhungert nicht.

***

Et öss e schlömme Tid on nuscht to verdeene,
de Bure moake sik schon de Kinder sölwst.

Es ist eine schlimme Zeit und nichts zu verdienen,
die Bauern machen sich schon die Kinder selbst.

***

Dat ös e anschlägiger Kopp,
wenn he von de Trepp föllt, verfählt he keine Stuf.

Der ist ein anschlägiger Kopf,
wenn er von der Treppe fällt,
verfehlt er keine Stufe.

***

„Veel Köpp, veel Senn", seggt de Bur,
wi he mött dem Fuder Komst omschmett.

„Viele Köpfe, viele Sinne", sagte der Bauer,
als er das Fuder Kohl umwarf.

***

Er hat schon alles probiert,
nur noch nicht das Hängen.

***

Wo man es nicht denkt, springt der Hase auf.

***

Wo Duwe sönd, da fleege noch Duwe to.
Wo Tauben sind, da fliegen auch noch Tauben zu.

***

Wer keine Bildung hat,
ißt Erbsen und Fisch mit demselben Messer.

***

Dat de ohle Su färre Noarsch gegoate,
bröllt se sewe Doag.

Das (d. h. schlecht schmeckenden Wein o. ä.)
der alten Sau vor den Hintern gegossen,
schreit sie sieben Tage.

***

Wie sek de Lied in Ostpreiße zerge
Wie sich die Leute in Ostpreußen ärgern.

In Gumbinnen gehen die Mädchen mit den Füßen nach innen.

***

Ön Kallehne ware de Gäns op eener Sied gebroade.
In Kallehnen werden die Gänse auf einer Seite gebraten (die Häuser stehen nur auf einer Straßenseite).

***

Ein Gewehr aus der Rüstkammer von Plibischken (alt, verrostet).

***

Kömmst noah Schalle, motst knalle,
best in Redde, micht ek wedde,
du foahrscht dörch Leissine im Griene;
un kömmst du erscht noah Paterswold,
hefft de Diewel allet gehoolt.

Kommst du nach Schallen, mußt du knallen,
bist du in Redden, möchte ich wetten,
du fährtst durch Leißienen im Weinen;
und kommst du erst nach Paterswalde,
hat der Teufel alles geholt.

***

Die Straße von Allenburg über Schallen, Redden, Leißienen, Paterswalde nach Wehlau war, bevor eine Chaussee gebaut wurde, so schlecht, daß dieser Vers wohl als Warnung entstand:

Wer aus Insterburg kommt unbeweibt,
aus Gumbinnen unbekneipt,
aus Pillkallen ungeschlagen,
der kann von großem Glücke sagen.

***

Überall dringt Bildung durch,
bloß man nicht in Insterburg.

***

Es trinkt der Mensch, es säuft das Pferd;
in Pillkallen ist das umgekehrt.

***

Jehann, spann an, twe Katte noah väre,
twe Zäge noah hinde, wi foahre noah Zinte.

Johann, spann an, zwei Katzen nach vorne,
zwei Ziegen nach hinten, wir fahren nach Zinten.

***

Ön Popelke gefft to melke, ön Korehle gefft to fehle,
ön Aulowehne Poggebehne,
ön Eszerninke gefft to drinke.

In Popelken (Kr. Wehlau) gibt es zu melken;
in Korehlen (Kr. Labiau) gibt es zu fühlen (Hühner),
in Aulowöhnen (Kr. Insterburg) Froschbeine,
in Eszerningken (Kr. Labiau) gibt es zu trinken.

***

Ön Tolkemit liggt e groter Steen,
on wenn de Hoahn kreegt, reert he sök.

In Tolkemit liegt ein großer Stein,
und wenn der Hahn kräht, rührt er sich.

***

He ös ut Alleborg, wo de Kinder möt schwienschem
Woater gedeept warre.

Er ist aus Allenburg, wo die Kinder mit
schwienschem Wasser getauft werden
(bei Allenburg mündet die Swiene in die Alle.)

***

Ön Zimmau oppe Zählau, wo se Oape griepe.

In Zimmau in der Nähe der Zehlau, wo sie Affen
greifen (Zimmau liegt im Kreis Wehlau)

***

He ös utem Bremsewinkel.

Er ist aus dem Bremsenwinkel (Gegend von Zinten).

***

Schepper, de Uhl huckt oppem Mast,
hol em fest, wenn em hest.

Schiffer, die Eule sitzt auf dem Mast,
halte sie fest, wenn du sie hast.

***

Schepper, spann Segel, dien Wief liggt im Pregel.

Schiffer, zieh Segel auf, deine Frau liegt im Pregel.

***

Ladenschwengel
Verkäufer
***

Pillendreher
Apotheker
***

Stoppelhopser
Schüler der Landwirtschaftsschule
***

Heringsbändiger, Tutchendreher
Kolonialwarenhändler
***

Kattunreißer
Manufakturwarenhändler
***

Hobelhengst, Holzwurm
Tischler
***

Hutzelbäcker, Kringelarchitekt.
Bäcker
***

Kruutbock
Gärtner
***

Kuhschwanzastronom
Tierarzt

***

Anna, Panna, Pepermähl, dine Kinder fräte väl,
alle Dag fer e Gille Brot,
nemm e Hoamer on schloag se dot.

Anna, Panna Pepermähl, deine Kinder fressen viel,
jeden Tag für einen Gulden Brot;
nimm den Hammer und schlag sie tot
(Ausschreivers auf Mädchen, die Anna hießen).

***

Ole Hex op Schlorre, morge gefft to schorre;
wenn se nuscht hefft to schorre,
denn fangt se an to gnorre.

Alte Hexe auf Schlorren,
morgen gibt es was zu schliddern;
wenn sie nichts zu schliddern hat,
dann fängt sie an zu knurren (Ausschreivers).

***

Tidelititi, se späle di, de Hoahn hefft di gehackt.

Tidelititi, sie spielen dir, der Hahn hat dich gehackt
(Ausschreivers).

***

1, 2, 3, 4, 5, 6, 7, meine Frau kocht Rüben,
meine Frau kocht Speck und du bist weg
(Abzählvers).

***

Eck on du, Mellersch Koh,
Mellersch Esel, dat best du.

Ich und du, Müllers Kuh,
Müllers Esel, das bist du
(Abzählvers).

***

Ene, mene, minke, tinke,
fade, rude, rollke, tollke,
wiggel, waggel wäch,
op dem lange Stäg.
(Abzählvers).

***

Barbuttke, Barbuttke, fleej' op, fleej' op.
Dien Huske brennt, dien Speckke sengt,
diene Kinderkes schriee noa Botterbrot;
Barbuttke fleej' op.

Barbuttche (Marienkäferchen),
Barbuttche, flieg' auf, flieg' auf.
Dein Häuschen brennt, dein Speckchen sengt,
deine Kinderchen schreien nach Butterbrot;
Barbuttche, flieg' auf
(Kindervers, mit dem man einen Marienkäfer zum Auffliegen bringen wollte).

***

Noahschrabsel
Nachlese

Fiew Finger, een Grabsch.

Fünf Finger, ein Griff
(im Vorbeigehen etwas mitgenommen).

***

Mien Fuust, dien Doot.

Meine Faust, dein Tod
(Drohung).

***

„Wenn eck nich weer", seggt de Läpel,
„kunn ju dem Klunkermos ute Flasch fräte."

„Wenn ich nicht wäre", sagt der Löffel,
„könntet ihr die Klunkersuppe aus der Flasche essen."

***

Er ist eigen wie der Meister Beek,
wenn er kein Fleisch hat, verkauft er keins.

***

Eck hau di eent en de Frät,
dat di de Täne utem Noarsch fleege.

Ich haue dir eins ins Gesicht,
das dir die Zähne aus dem Hintern fliegen.

***

Doamet kannst de Koh dat Kalf
un de Fru dat Kind affroage.

Damit kannst du der Kuh das Kalb
und der Frau das Kind abfragen.

***

Fruke, wenn se Bruke bruke,
bruke se von miene Bruke.

Frauen, wenn sie Wruken (Steckrüben) brauchen,
brauchen sie von meinen Wruken.

***

Hol de Freet on sing de Wacht am Rhein.

***

Wat kickst met de Freet, hest keine Ooge?

Warum siehst du mit der Fresse, hast du keine Augen?
(Wenn man sich von jemand, der einem zusieht, belästigt fühlt.)

***

Du kannst mi moal dorche Noarsch kicke,
ob mi de Hoot geroad steiht.

Du kannst mir mal durch den Hintern sehen,
ob mir der Hut gerade sitzt.

***

Kinder wi de Bilder,
bloß de hibsche Gesichter fehle.

***

Wat kickst met de Näs? Häst keine Ooge?

Warum siehst mir mit der Nase zu?
Hast du keine Augen?
(Man fühlt sich durch den Zuschauer belästigt.)

***

He hefft vom Gänsepirzel gegäte.

Er hat vom Gänsepirzel (Hinterteil der Gans) gegessen
(er redet ohne Unterlaß).

***

De gifft et emmer op et Botterbrot.

Der gibt es immer wieder aufs Butterbrot
(er wirft einem immer wieder etwas vor).

***

De weet nich, op se oppe Kopp
oder oppe Feet goane sull.

Die weiß nicht, ob sie auf dem Kopf
oder auf den Füßen gehen soll
(sie geht geziert).

***

Wenn et dem Esel to goot geiht,
denn geiht he oppet Is danze.

Wenn es dem Esel zu gut geht,
dann geht er aufs Eis tanzen.

***

De hefft e Forz em Kopp.

Er hat einen Furz im Kopf
(er ist nicht ganz richtig).

***

*Wat du seggst on de Landrat schött,
dat gölt datselwige.*

Was du sagst und der Landrat sch…,
das gilt das gleiche.

***

He moakt e Gesicht wi utgekipptet Middach.

Er macht ein Gesicht wie ausgekipptes
(ausgegossenes) Mittagessen.

***

*Dien Gesicht oppe Piepekopp, on
man kann ver Lache nich rooke.*

Dein Gesicht auf den Pfeifenkopf gemalt
und man kann vor Lachen nicht rauchen.

***

Gistre Ponarther on hiede Woater.

Gestern Ponarther, heute Wasser
(wer gestern zuviel Ponarther Bier getrunken hat,
trinkt heute des Katers wegen Wasser).

***

De lewe Gottke schempt.

Der liebe Gott schimpft (es donnert).

***

De dreemt noch vonne gistrige Kämelsopp.
Der träumt noch von der gestrigen Kümmelsuppe (er denkt an längst vergangene Dinge).

***

Es dien Voader Glaser?
Ist dein Vater Glaser?
(Bist du durchsichtig? Das sagt man jemand, der einem im Licht steht.)

***

De glupt wi e Boll.
Der glupt (sieht so böse) wie ein Bulle.

***

Wönsche wöll eck et nich,
oawer de lewe Gottke gew et.
Wünschen will ich es nicht,
aber der liebe Gott gebe es.

***

He hätt Enfälle wi e olet Huus.
Er hat Einfälle wie ein altes Haus.

***

Wo öss er? Em Hemd on enne Bökse hölt er sick op.
Wo ist er? Er ist im Hemd, und in den Hosen hält er sich auf
(dumme Antwort, wenn man nach jemand fragt).

***

De es domm wie Hoawerstroh.

Der ist dumm wie Haferstroh.

***

Herrke, keepe se mienem dreejährige Wallach,
es sewe Joahr Hingst gewese.
To riede on to fohre geiht he nich so,
to leide wi e Lamm, alle twe Doag e Wiedeboom.

Herrchen, kaufen Sie meinen dreijährigen Wallach,
er ist sieben Jahre Hengst gewesen.
Zu reiten und zu fahren geht er nicht so, aber zu
führen wie ein Lamm, alle zwei Tage
einen Weidenbaum.

***

Wer andern in der Nase bohrt, ist selbst ein Schwein.

***

Er rennt rum wie ein Lappländer
(mit zerrissener Kleidung).

***

etepetete

vornehm, geschniegelt und gebügelt

***

Kemmst äwren Hund,
kemmst ok äwrem Zoagel.

Kommst du übern Hund,
kommst auch übern Schwanz.

***

Prickel
ein ungeschickter Mensch

***

Laß der Jugend ihren Lauf, sagte der Fleischer, als ihm das Ferkel weglief.

***

Du häst bi mi utgeschäte bet tom nächste Kaisermanöver.
Du hast von mir nichts mehr zu erwarten bis in alle Ewigkeit.

***

Schabber nich so kariert.
Rede nicht so dumm.

***

Wat dat nu bloß noch warre wat met dem verfluchte Karrerad.
Was das nun bloß noch werden wird mit dem verfluchten Karrenrad (wie wird die Sache wohl ausgehen).

***

Dem ward de Kuckuck noch enne Handschkes schiete.
Dem wird der Kuckuck noch in die Handschuhe sch… (weil er bei warmem Wetter noch Handschuhe trägt).

***

De Kartoffel blehje.

Die Kartoffel blühen
(er hat ein Loch in den Socken).

***

He geiht wi de Katt op Nätschoale.

Er geht wie die Katze auf Nußschalen
(er weiß nicht, wie er vor lauter Einbildung gehen soll).

***

Dat es fere Katt to Bixe.

Das ist für die Katze zu Hosen
(es ist viel zu wenig oder nichts wert).

***

*„Spoaß mött senn", säd de Diewel,
doa kettelt he sien Großmudder mette Mestfork.*

„Spaß muß sein", sagte der Teufel,
da kitzelte er seine Großmutter mit der Mistforke.

***

He es mit dem Klammersack gepudert.

Er ist mit dem Klammersack gepudert
(er ist dumm).

***

Hei foahrt, als wenn de Kujel seicht.

Er fährt, als wenn der Eber pinkelt (im Zickzack).

***

Dat klingt, als wenn de Oss ön e Emmer schött.

Das klingt, als ob ein Ochse in einen Eimer sch... (das sagt man von unmelodisch klingendem Gesang).

***

De Klompe opsette.

Die Klumpen wegstellen (sterben).

***

Et koame Pölzflecker.

Es kommen Pelzflicker (große Schneeflocken).

***

Wenn de e Kommißbrot enne Hand hefft, froagt he noch: Wat hebb eck hier?

Wenn der ein Kommißbrot in der Hand hat, fragt er noch: was habe ich hier (einer, der ungewöhnlich große Hände hat).

***

Schött inne Bix on lett freere.

Schüttet in die Büchse und läßt frieren (ostpreußisches Rezept zur Speiseeisherstellung; natürlich zweideutig).

***

De es nich under de Schwien to liede.

Der ist nicht zwischen den Schweinen zu leiden (er ist unausstehlich).

***

Er macht das aus der kalten Lamäng.

Er macht das ohne große Schwierigkeiten.

***

Wer lang hoost, lewt lang.

Wer lange hustet, lebt lange.

***

De es vonne Trepp gefalle.

Er ist von der Treppe gefallen
(er hat sich die Haare schneiden lassen).

***

Eck war di lichte met de Hundslatern.

Ich werde dir mit der Hundslaterne leuchten
(Drohung).

***

De hätt dem Verstand met Läpels gegäte.

Er hat den Verstand mit Löffeln gegessen
(er ist sehr klug).

***

Marjell, Marjell, wat häst gemaddert,
häst all wedder Schmand verschwaddert.

Mädchen, Mädchen, was hast du schon wieder ungeschickt gemacht, hast du schon wieder Sahne verschüttet.

***

Ostpreußische Redensarten

A

aasen – etwas vergeuden; aas nich so mit de Butter.

Abee – Klosett.

abkratzen – sterben.

abmachen – die Suppe abmachen, ihr Fett und Würze geben; Abmachsel.

allerballer – zu Ende, aus (Kindersprache).

Altsche, Ohlsche – Ehefrau.

angekommen sein – leicht verdorben, einen Stich haben, z. B. Suppe, Fleisch usw.

anreißen – einen Streich verüben; was hast du schon wieder angerissen?

antiedern – anpflocken, z. B. Vieh.

Assiette – eine viereckige Saucenschüssel.

auf – er hat Hund auf mich gesagt = er hat mich Hund genannt.

auf e Woch – in acht Tagen; auf Ostern, auf Pfingsten = zu Ostern, zu Pfingsten.

aufem Plutz – plötzlich.

Auffahrt – stand an Gastwirtschaften, bei denen man ausspannen konnte.

aufplustern, sich – sich aufblähen, sich aufregen.

ausgeblechte Kehle – Kehle, die den schärfsten Schnaps verträgt.

ausholken – aushöhlen.

ausknillen – eine Flasche ausknillen = austrinken.

ausmolschen, sich ausmolschen – sich ausruhen, faulenzen.

ausspeilen, den Hintern ausspeilen – vorstrecken.

ausspreiten – ausbreiten, z. B. die Wäsche auf der Bleiche.

B

baden – er bad't sich (statt er badet).

baggrig – hinfällig; ein baggriger Stuhl wird bald zusammenbrechen.

Balbier, Barbutz – Barbier, Friseur.

bedammelt – betäubt.

bedrücken – ertappen.

Beest – Biest, von Bestie; vielgebrauchtes Schimpfwort.

befummeln – etwas befummeln = etwas erledigen, zustande bringen.

begeben, sich begeben – sich beruhigen; begib dich bloß.

begrapschen – befassen, befühlen.

bei – wird oft anstelle von wenigstens gebraucht oder zu dessen Verstärkung; hier brauch ich bei nich zu frieren; das is doch bei was = das ist doch wenigstens etwas.

belämmert, die Sache ist belämmert – es steht schlecht.

beleisten, das kann ich mir nicht beleisten – das kann ich mir nicht leisten.

bepummeln, sich bepummeln – sich warm anziehen.

beschickert – angeheitert.

besehen, du wirst gleich was besehen – du wirst gleich Prügel bekommen; **oder:** ich kann ihn nicht besehen = ich mag ihn nicht.

betuddern, jemand betuddern – jemand bemuttern.

bezahlen – den Kellner fordert man auf: Nehmen Sie bezahlt, d. h. ich möchte zahlen.

Bijohn, sie glüht wie e Bijohn – sie glüht wie eine Päonie (Pfingstrose), sie hat ein ganz rotes Gesicht.

Bleifeder – Bleistift.

Bowke – Lümmel, Gassenjunge.

bräsig – behäbig; bräsig dasitzen; – er tat sehr bräsig = er tat sich dick.

Brassel – Plunder, altes Gerümpel.

bringen, dich werd ich bringen – dich werde ich lehren.

Bruken – Wruken, Kohlrüben.

Brusch – Beule am Kopf, wenn man sich gestoßen hat.

Bucht – Schweinekoben; scherzhaft: Bett; in die Bucht gehen = ins Bett gehen.

Bullerwagen – Klapperwagen, ungefedert; auch: Handwagen.

Buttermilch, die Uhr geht nach Buttermilch – sie geht falsch.

D

Dämelsack, er ist mit dem Dämelsack geschlagen – er ist hoffnungslos dumm.

deeren – wagen; du deerst wohl nich = du hast wohl Angst.

Deiwel – Teufel; man fluchte: Deiwel noch eins! Er wohnt beim Deiwel auf der Rinn = er wohnt weit weg; ich hab geschuft auf Deiwel komm raus = aus Leibeskräften.

Differt – Täubrich; man redete jemand gemütlich an: Na, du alter Differt.

Dingslamdei – Verlegenheitsausdruck für eine Sache, die man nicht näher bezeichnen konnte.

doll – viel gebrauchtes Steigerungswort; es tat doll weh; das ist das Dollste, was es gibt = es ist das Feinste; es ist nicht so doll = das war nicht viel.

dorten – dort.

Drehn, im Drehn sein – betrunken sein.

dreidammlig – dummfrech.

Drumm – Rösttrommel zum Kaffee rösten; **oder** Durchlaß unter der Straße für Schmutz- und Regenwasser.

Dullks – Stoß, den man jemand gibt.

Dunst, im Dunst sein – betrunken sein; **oder:** Dunst kriegen = gescholten werden.

Dupps – Hintern.

durch – durchner Käser = reifer Käse; durchne Füß = wund gewordene Füße.

durchschmieren, durchwichsen – durchhauen.

durstern, mich durstert – Durst haben.

Duschack – Dummkopf.

E

eigen – ordentlich; ein eignes Mädchen = ein sauberes, ordentliches Mädchen; er ist sehr eigen auf (mit) seine Kleider = er schont seine Kleider.

ein, in einem während – in einem fort; er ist in einem während am Essen = er ißt ohne Unterlaß.

eindruseln – einschlafen.

eingefuchst – eingearbeitet.

eins, mit eins – plötzlich; **oder:** mir ist das eins = mir ist das gleich.

einsauen – beschmutzen; das Tischtuch ist eingesaut.

einschwunken – in Schwung bringen, z. B. die Schaukel; **aber auch:** zur Arbeit treiben.

einspunden – ins Gefängnis sperren.

F

Faktor – Hausdiener in einem Geschäftshaus.

feiern – schmeißen; er feierd es in die Eck = er warf es in die Ecke.

feinstreifig – äußerlich vornehm.

fein – oft statt gut; er kann fein tanzen.

Fijlien – Violine.

fisplig – unruhig; jemand, der nicht stillsitzen kann, ist fisplig.

Fitzelband – Litze.

Fladrusch – übermäßiger oder geschmackloser Besatz am Kleid.

Flammfladen – der beim Brotbacken von dem Rest des Teiges gebackene Fladen, mit Zucker bestreut, manchmal auch mit Butterflöckchen.

Flicker – Stoffreste; Flickerdecke – aus Flickerstreifen gewebter Läufer (schmaler, langer Teppich).

Flitzbogen – Bogen zum Schießen mit Pfeilen.

Flitzepee – Fahrrad, entstanden aus Veloziped.

flutschen – es flutscht man so = es geht schnell von statten.

fodern – fordern.

Fressack – Vielfraß.

Friedrich – der Friedrich ist der Hausdiener eines Gasthofes.

Fritz – als der alte Fritz Gefreiter war = vor undenklichen Zeiten.

fuchtig – wütend.

für, einem eins für die Ohren geben – einem hinter die Ohren hauen; Angst für jemand haben = Angst vor jemand haben.

Fuhr – Furche (auf dem Acker).

Funzel – trübe brennende Lampe.

fuslig, sich den Mund fuslig reden – sich den Mund wund reden, reden bis der Mund fuslig (ausgefranzt) ist.

G

Gärtneerer – Gärtner (Betonung auf der 2. Silbe).

Gebraasch – lautes Gerede.

Gebrisel – Stimmengewirr, von einer sich unterhaltenden Gesellschaft ausgehend.

gebumfidelt, ich fühle mich gebumfidelt – ich fühle mich geehrt.

gefällig, hier ist was gefällig – hier geht es verrückt zu; mit dem ist was gefällig = mit dem hat man seine Not.

geforben, aufgeforben – gefärbt, umgefärbt.

Gekraasel – Gerümpel.

Gepsch – mit beiden Händen gegriffene Menge Getreide.

geraten, mit einer Arbeit nicht geraten – mit einer Arbeit nicht fertig werden; ich geriet nicht mehr zum Zug = ich erreichte den Zug nicht mehr.

Gerebbel, langes Gerebbel – langer Mensch.

Gibbel, alter Gibbel – altes Pferd.

gibbrig, er ist schon ganz gibbrig danach – er ist schon ganz begierig danach.

Giebel, ein guter Giebel ziert das Haus – Verspottung einer großen Nase.

Giez – Tabaksaft in der Pfeife; Giezkocher = Tabakpfeife.

Gimpel – eigentlich: Dompfaff (Vogel); Schimpfwort auf die Schüler einer höheren Schule der bunten Mützen wegen, die sie früher trugen.

glamsrig – schleimig, schlampig.

Glims – eine wenig leuchtende Lampe.

Gnabbel – Schimpfwort, auf kleinliche Menschen.

gnascheln – unappetitlich essen.

Gnapper – Pferd, das beißt.

gnorren – knurren.

Gössel – junge Gans; auch Gissel, Gisselchen.

Grand – Kies; Grandkaul = Kiesgrube.

Grumpel – Kotstück; auch Schimpfwort.

Gulden – eine Mark; auch Gille.

H

Hacks – kleine Menge, z. B. ein Hacks Wurst.

Haffkuh – Bezeichnung für die Haffuferbahn, die von Braunsberg nach Elbing fährt.

Hässen – Beine, Füße; nimm deine Hässen weg.

Hamsch – ein Happen; nach etwas hamschen = nach etwas schnappen.

Hehlwagen – Kastenwagen.

Heiland, doller Heiland – ein Mensch, der es toll treibt, ein Draufgänger.

Herrschaftskinder – Kinder aus guter Familie.

Hietscherchen – Fohlen.

hinschmieren – hinfallen, ausgleiten.

Hinterst – minderwertiges Getreide, z. B. Hühnerfutter.

Hölzke – Apfel vom wilden Apfelbaum.

hören Sie! – die Zigarre ist hören Sie! = Anerkennung einer feinen oder starken Zigarre.

hubbern – frösteln; mir ist hubbrig.

Huschchen – kleiner Strauch; ein Huschche Flieder im Garten.

hutzlich – vertrocknet, klein.

I

Ilas – Stock mit eiserner Spitze zum Abstoßen des Schlittens auf dem Eis.

imstande, er ist imstande und tut es – es ist ihm zuzutrauen, daß er es tut.

J

Jabbel, halt deinen Jabbel – halte deinen Mund.

Joop – Joppe, halblange Überjacke.

Juchen – vor Vergnügen kreischen.

K

Kabolzke schießen – Purzelbaum schießen.

Kaburr – kleine Hütte, z. B. für den Hund.

Kacker – geiziger, engherziger Mensch.

kadakschen – Geschrei des Huhns, wenn es ein Ei gelegt hat.

kalbern – Kindereien treiben.

Kalupp – kleines Wohnhaus, das nicht in gutem Zustand ist.

Kampen – Anschnitt oder letztes Stück des Brotes.

Kanal, er hat den Kanal voll – er ist völlig betrunken.

Kanthaken, einen beim Kanthaken kriegen – jemand sich vornehmen, beim Wickel nehmen.

Kattun kriegen – gescholten oder geprügelt werden.

Kataschinchen – Bezeichnung für die Thorner Katharinchen.

Keps – Heuhaufen.

kicken – gucken, sehen; was kickst? = was hast du hier zu sehen; kick doch dem = sieh den mal an!; ich kann ihn nich bekicken = ich kann ihn nicht ausstehen.

Kicker, er hat ihn auf dem Kicker – er ist schlecht auf ihn zu sprechen.

kiesätig – wählerisch im Essen.

kiffsen, der Hund kiffst – der Hund bellt fortwährend, so daß es einem auf die Nerven geht.

Kirschkreid – Kirschmus.

Kisseel – angesäuerter Brei aus Haferschrot.

Klacks – ein Häufchen, Löffelvoll einer Speise.

Kleetern – Schmutz an den Kleidern; sich vollkleetern = sich die Kleider beschmutzen.

Kleinlehrer – der zweite Lehrer an der zweiklassigen Dorfschule.

Klibbas – ein altes Taschenmesser.

klieren – unsauber schreiben; die Brotscheibe unmäßig dick mit Butter bestreichen.

Klitsche – Landgut.

kluckern – Geräusch, das beim Leeren einer Flasche oder beim Schütteln einer noch nicht geleerten Flasche oder eines Fasses entsteht; es kluckert noch = es ist noch etwas in der Flasche.

Klumpatsch – eine Menge, ein Haufen.

Kluten – harte Erdstücke, Erdklumpen auf dem Acker.

knastern – Geräusch, das z. B. auf einer Eisdecke entsteht, wenn sie einem Druck nachgibt; das Eis knastert, die Dielen, die Treppenstufen knastern.

Knups – aufgesteckter Zopf.

Knust – dickes Stück Brot.

Kodder – Lappen; in Redensarten gebraucht: sich die Koddern vollärgern, einem die Koddern vollhauen, sich die Koddern vollfressen; Kodderschnauz.

koddrig – schlecht, wertlos; eine koddrige Zigarre, ein koddriger Kerl; immer koddrig und lustig (Antwort auf die Frage: Wie geht's?); zerkoddert = zerlumpt.

kölstern – stark husten.

können – oft gebraucht anstelle von dürfen; kann ich das nehmen.

Kollex – Hausierer.

Korken – Pantoffeln.

kraalen – die unartikulierten Laute, die ein Säugling von sich gibt.

Kraßel, Kraßelei – unnütze Sachen, die z. B. auf dem Dachboden herumliegen.

kraufen – kriechen; sittst, wat kreppst = siehst du, weshalb kriechst du (siehst du, so etwas geschieht, wenn man leichtsinnig ist).

Krauter, alter Krauter – alter Mann.

Kreet – viel gebrauchtes Schimpfwort; der Kreet will nich bezahlen; die Kreet ist frech; das Kreet horcht nicht; die Kreet zieht nich (die Zigarre); e kreetsche Marjell = ein abscheuliches Mädchen.

krengeln, sich krengeln – sich drehen; er krengelt sich da rum = er drückt sich da herum.

Kreppschull – einen beim Krepschull nehmen (beim Wickel nehmen).

kriegen – du krichst nicht mit = du darfst nicht mitkommen; sie hat keinmal zu tanzen gekricht = sie ist keinmal zum Tanz aufgefordert worden.

Kriggelkraggel – unleserliche Schrift; Kriggelkraggel Hoahnkefoot.

krischeln – braten; sie krischelt den ganzen Tag = sie steht den ganzen Tag am Herd.

Krischel – ein Stück ausgebratenes Bauchstück oder durchwachsener Speck; **aber auch:** ein Ausschlag an der Lippe.

Krommrom – Wegebiegung.

Kruck – Krug (Gefäß); **aber auch:** anno Kruck = vor vielen Jahren.

Krukas – derber Spazierstock.

krunschlig – zerknüllt, faltig.

Kruschke – wilde Birne; **aber auch:** kleiner Mensch.

kujenieren – dauernd tadeln, unberechtigte Vorwürfe machen.

Kurr – Pute; das war noch vor der Kurrenpest = das ist schon lange her.

Kutz – Käfig aus Maschendraht für Keuchel (Kücken), Gissel oder kleine Enten.

L

Laatschen – Pantoffeln, Hausschuhe.

laatschen – schlapp gehen; er kam angelaatscht.

Laban, langer Laban – ein langer Mensch.

labbrig – das Essen schmeckt labbrig, es ist nicht gut gewürzt; es schmeckt nicht nach ihm und nicht nach ihr.

lackieren – jemand anführen, übervorteilen; **aber auch:** einem eine lackieren = einem eine Ohrfeige geben.

landsch – bäurisch in Kleidung und Benehmen.

Larw – Maske, die z. B. der Schimmelreiter und sein Gefolge vor dem Gesicht haben.

Lausangel, Luusangel – Schimpfwort.

leckern – naschen; leckrig = naschhaft; nach etwas leckrig sein = nach etwas begierig sein; Redensart: Ede, lekkert di noa Kartoffelbri?

loddern – etwas langsam machen, vernachlässigen; loddrig = langsam, nachlässig.

Lodschack – Taugenichts.

lootsen – jemand weglootsen = jem. wegholen; ranlootsen = jem. heranholen.

lungern – begehrlich nach etwas sehen; der Hund lungert am Tisch = er sitzt während des Essens am Tisch und wartet auf einen Bissen.

Lutschpungel – in einen Lappen eingebundener Zucker für kleine Kinder zum Lutschen (unter Umständen mit ein paar Tropfen Rum getränkt, damit sie schneller einschlafen.

M

man – nur, bloß; er is man klein; es kost' man bloß ein Dittche; kommen Sie man ruhig rein; glaub' mir man.

manschen – mischen; zusammengemanschtes Essen = vermengtes Essen.

maschinen – dreschen des Getreides mit der Dreschmaschine.

meinswegen – meinetwegen.

Meirahn – Majoran.

miefen – winseln (von Hunden).

Mischkinnes – anderer Ausdruck für Bärenfang (Honigschnaps).

misd – mußte; ich misd = ich mußte.

mit, er is bös mit mir – er ist mir böse; er ist wieder gut mit mir = er ist mir wieder gut, wir haben uns versöhnt.

Mittag – für Mittagessen gebraucht, z. B. wir hatten heute ein feines Mittag; die Frauen tragen Mittag, d. h. sie tragen ihren Männern das Mittagessen auf das Feld.

mittenmang – mitten darunter; er ist immer mittenmang = er ist immer dabei, wo etwas los ist.

mögen – das mög sein = das mag sein (ich will es nicht bestreiten.

molsch – verdorben; molsche Eier = faule Eier; **aber auch:** reinmolschen = hineinhauen, um sich hauen; einen vermolschen = einen tüchtig verhauen.

morcheln – drücken, festhalten; Jung, morchel die Katz nich so.

Mummel – gelbe Teichrose.

Mus – dicke Suppe; Klunkermus = Milchsuppe mit eingerührten Mehlklößchen.

N

nachspottern – jemandes Sprechweise spottend nachahmen.

nahbern – beim Nachbarn (über den Gartenzaun) schwatzen; sie ist nahbern gegangen.

neelrig – langsam, saumselig.

nicksch – er hat seine Nicken, d. h. absonderliche Einfälle;

ein Pferd ist nicksch = es will nicht so wie der Kutscher.

niedlich, sich niedlich machen – sich zieren, sich verstellen.

niep, etwas niep besehen – etwas ganz genau ansehen.

Nischel – Kopf, Nase; ich hau dir eins auf den Nischel.

nuscheln – undeutlich sprechen, so daß nichts zu verstehen ist; **aber auch:** langsam arbeiten; er nuschelt bloß immer rum = er schafft nichts; **oder:** er hat sich benuschelt = beim Essen um den Mund herum beschmutzt.

O

Oap – viel gebrauchtes, aber mildes Schimpfwort; wi hucke wi de Oape = niemand kümmert sich um uns; wat kickst, ol Oap?

oberwärts – im Reich; wenn jemand z. B. ins Ruhrgebiet verzog, sagte man, er wäre nach oberwärts gezogen.

obsternatsch – widerspenstig.

Ohrbetongs – Ohrgehänge.

orntlich – ordentlich; der Wein ist sehr orntlich = sehr gut; er arbeitet orntlich = er arbeitet zur Zufriedenheit.

ostpreußischer Maitrank – Grog.

P

Packzeug – Gesindel.

Pamel – Semmel.

Pampuschen – Hausschuhe.

Pams – zu Brei zerdrücktes Essen; pamsig = breiig.

Panjebratsch, mit jemand Panjebratsch sein – mit jemand auf du und du stehen.

Parchem – Barchent.

Pass, das kommt mir gerade zu Pass – das kommt mir gerade gelegen.

Paudel – fester Behälter; Salzpaudel; Teerpaudel.

peerschen, sich peerschen – prahlerisch von sich reden.

peesen – laufen.

Pflaumenkreide – Pflaumenmus.

Piesekatz – Katze in der Kindersprache.

pingksern – an etwas herumdrehen und -schrauben, ohne Sachkenntnis zu haben.

Pinkel, feiner Pinkel – feiner Kerl (spöttisch gemeint).

Pischer – kleiner Kaufmann oder Handwerker; Pischerladen, Pischergeschäft = unbedeutender Betrieb; pischrig = unbedeutend.

Pischkachel – derber, scherzhafter Ausdruck für Mädchen.

plaukschen – heftig regnen; sie hat Wasser verplaukscht = sie hat Wasser vergossen.

Plawucht – ein Mensch, der manches (nicht gerade Gutes) fertig bekommt.

Pleester – schwerfälliger, ungeschickter Mensch.

Plieren – Schmutz in den Augenwinkeln.

plinkern – zwinkern; er plinkert mit den Augen; er plinkert mir zu.

Poggenritzer – kleines Messer, mit dem man nicht ordentlich schneiden kann.

polnisch, mit'm polnischen Abschied verschwinden – ohne Abschied verschwinden.

Posauk – ein nichtsnutziger Mensch.

Präzentor – Kantor, erster Lehrer in der Schule des Kirchdorfes.

prebsch – schnippisch.

preisen, der Roggen preist jetzt schlecht – er steht schlecht im Preis.

Prieslauch – Schnittlauch.

Pröss – wohlhabender Angeber.

proppenvoll – gedrängt voll; der Saal war proppenvoll.

Prowieser – Apotheker.

Puckel – Buckel, Rücken; dir juckt wohl der Puckel = dir juckt wohl das Fell; die ganze pucklige Verwandtschaft = verächtlich oder scherzhaft für die Verwandtschaft.

pummlig – dick, rundlich (von Personen); pummlig angezogen = dick, warm angezogen.

Purzel – kleiner, in Fett gebackener Kuchen.

Putzstub – gute Stube, nur an Festtagen benutzt oder wenn ganz besonderer Besuch kam.

Q

quasen – verschwenderisch sein; mit etwas quasen = mit etwas verschwenderisch umgehen.

Quartierche – ein Viertel Liter, z. B. Schnaps.

Quitschen – Früchte der Eberesche.

R

räubern – lügen, aufschneiden.

raggen – schwer arbeiten (beim Reinemachen); Dreck wegraggen = Dreck aus den Räumen schaffen.

rangen, sich rangen – miteinander ringen; die Jungens rangen sich.

ratzekahl, jemand ratzekahl ausplündern – jemand alles wegnehmen.

rauchern, mich rauchert – ich habe Lust zu rauchen.

rausrücken – herausgeben; rück raus = gib es heraus; **oder:** sage es, heraus mit der Sprache.

rausstremmen, den Bauch rausstremmen – den Bauch herausdrücken.

reden – er redet wie e Endche Talglicht = er redet dummes Zeug; er läßt sich nicht reden = er ist zu stolz, um mit sich reden zu lassen.

reinbraten, in die Suppe Speck reinbraten – der Suppe gebratene Speckstücke zusetzen.

reinmolschen – hereinschlagen, er molschte rein wie in kalt Eisen.

Reißdeiwel – Junge, der die Kleider nicht schont und viel zerreißt.

Ritze, es ist in die Ritze geschorrt – es ist in die Ritze gerutscht = spurlos verschwunden; oft noch der Zusatz: und mit dem Schlorr bedeckt.

Röhr, in die Röhr kicken – leer ausgehen; Röhre ist die zum Wärmen von Speisen oder zum Braten von Äpfeln in den Kachelofen eingelassene Kammer.

rujenieren – verderben.

rumbringen, einen überall rumbringen – einen ins Gerede bringen.

rumkarriolen – umherkutschieren.

rummolschen – faulenzen, tagelang auf der faulen Haut liegen.

rumschmengern – hier und da und dort naschen.

ruscheln – rascheln; da hat was unterm Bett geruschelt.

Ruscheldupps – ein luchternes junges Mädchen.

rutwiggele – einen Pfahl durch Hin- und Herbewegen aus der Erde herausbringen.

rutwurache – einen Stubben oder Stein u. ä. mit viel Anstrengung aus der Erde holen.

S

sacht – langsam; es hat aufgehört mit Sachtregnen = es regnet stärker; man immer sachte = Mahnung zur Besonnenheit.

Salwjet – Serviette.

Sau, unter aller Sau – unter aller Kritik; sie sind wie von einer Sau geferkelt = zwei Menschen ähneln sich stark.

schaden, was schad't dir? – was fällt dir ein, was fehlt dir; dem schad't was = der ist nicht ganz richtig.

Schächtstiefel – Schaftstiefel.

schälen, Wäsche schälen – Wäsche spülen.

schettern, rumschettern – geschäftig umherlaufen.

Schicht – Prügel, Schläge; Schicht kriegen = verprügelt werden.

Schieper – Küken.

Schiemannsgarn – Kautabak.

Schiet, ja Schiet – ja Kuchen; ach Schiet – es ist mir gleich; Schietke seggt de Liedtke = ärgerlicher oder spöttischer Ausruf bei einem Fehlschlag.

Sching – Schwung; es war kein Sching drin.

Schlabber – Ausdruck für Mund; halt deinen Schlabber = halt deinen Mund.

schlachten – das schlacht nach dir = es sieht so aus, als ob du das getan hättest; der Jung schlacht ganz nach seinem Vater (er ähnelt ihm).

schlackern – schütteln; er schlackert mit dem Kopf; sie schlackert das Tischtuch aus.

schlimm, auf etwas schlimm sein – nach etwas begierig sein.

Schlorr – Holzpantoffel; alte Schlorr = verächtlich für altes Weib; die Zung ging ihm auf Schlorren = er war so betrunken, daßer nicht mehr lallen konnte; Schlorrengymnasium = Volksschule.

Schlubberchen – Schluckchen.

Schlums, alter Schlums – freundliche Anrede ohne besondere Bedeutung.

Schlunz – Wassersuppe; **aber auch:** unordentliche Frau.

schlurpsen – schlürfen.

Schlusohr – Schlafmütze (Schimpfwort).

Schmadder – nasser Dreck.

Schmalzenbrot – Schmalzbrot.

Schmand – Sahne; Schmandbixen = weiße Hosen; Schmandlecker = scherzhafte Bezeichnung für den Milchkontrolleur, der den Fettgehalt der Milch feststellte.

schmengern – naschen.

Schmetter, der ganze Schmetter – der ganze Kram.

schmoren – das Fleisch garen; sich beschmoren = sich betrinken.

schnarchen, rumschnarchen – umherschnüffeln.

schneen – schneien; es schneet = es schneit.

schorren – schlittern, gleiten auf dem Eis; Schorrbahn = die Schlitterbahn, die sich Kinder auf dem Eis oder dem festgetretenen Schnee anlegen.

Schossel – dummer Mensch.

schrumplig – runzlig.

schubben, sich schubben oder schobben – sich kratzen, sich scheuern.

schubbrig, mir ist schubbrig – mich fröstelt.

Schumm, im Schumm sein – betrunken sein.

schwaddern, es schwaddert – es regnet; Wasser verschwaddern = Wasser vergießen; das Wasser war übergeschwaddert = übergelaufen.

schwanen, mir schwant etwas – ich habe eine Ahnung.

schwauksen – verschütten (von Flüssigkeiten).

Schweinepriester – Schimpfwort.

Schweinstreiber – Schimpfwort.

Schweinzeug – Schweinebande (Schimpfwort).

Schwung – eine gehörige, große Menge; er nahm sich einen orntlichen Schwung Kartoffel auf den Teller; da war ein ganzer Schwung Menschen = viele Menschen.

Senge kriegen – Prügel erhalten.

Sie, Kaninchensie – weibliches Kaninchen.

sielen, sich sielen – sich im Schmutz wälzen.

sittst – viel gebrauchter Ausruf der Genugtuung (Zusammenziehung aus siehst du); sittst, habe ich nicht recht gehabt.

Hannelore Uhse

socken – laufen.

Speilzahn – Spötter.

spendabel – freigebig; die Spendierbixen anhaben = aufgelegt sein, andere freizuhalten.

spenkern – jagen, vertreiben; man spenkert den fremden Hund vom Hof, die Kinder aus dem Bett.

Spickfuß – Fußtritt.

Spirkel – siehe Krischel.

spirren – sich sperren, wehren.

Spisser – siehe Ilas.

Spitzzehen, auf Spitzzehen gehen – auf den Fußspitzen gehen, ganz leise.

Sport, wir hatten Sport – wir hatten Spaß.

Spurchen – Verkleinerungsform von Spur, eine Kleinigkeit, ein bißchen; an der Suppe fehlt ein Spurchen Salz.

Steine, er säuft Steine aus der Erd' – er trinkt unmäßig.

Steinpflaster, Pflastersteine – runde Pfefferkuchen, die meistens auf Jahrmärkten angeboten wurden.

Stöcker, Stecker – Stöcke; ich habe mir Stöcker aus dem Wald geholt.

Stritzel – längliches Brot aus Weizenmehl, etwas süß, oft mit Rosinen.

stukern – rütteln, gerüttelt werden; wir waren ganz durchgestukert (von der Wagenfahrt); stukriges Pflaster = holpriges Pflaster.

Stups – Stoß; stupsen = stoßen.

Stupsnase – etwas aufgestellte Nase.

T

Tag, der lebt noch so e Tag – er hat gute Tage, lebt herrlich und in Freuden.

Taler – er tut so, als ob jedes Wort einen Taler kostet, er ist maulfaul.

tibbern – leise berühren; es tibbert an der Angel = die Angel zuckt; du mußt bei ihm mal antibbern = du mußt ihn mal vorsichtig daran erinnern.

Tonbank – Ladentisch.

trapsen – stark auftreten.

tratschen – klatschen, schwatzen.

trauen, sich getrauen – wagen; er traut sich nicht = er fürchtet sich.

Trittoar – Bürgersteig.

Tröster – Rohrstock des Lehrers.

trogschnuzig – frech.

Tun – Zaun; du warscht dem Tun schon pinsele = du wirst den Zaun schon pinseln (höhnisch zu einem Prahlhans).

Tut – Tüte; e Tut Bombom = eine Tüte Bonbon.

U

überbrieschen – jemand einen Schlag geben.

unterwegens – unterwegs; laß das unterwegens = laß das!

V

verbeißen, ich muß erst ein bißchen verbeißen – ich muß erst einen Happen essen.

verbimsen – verhauen.

verfressen – gefräßig.

vergrauen, sich an etwas vergrauen – sich an etwas verekeln.

verhohnepiepeln – etwas durch den Kakao ziehen, verhöhnen.

verhubbert – durchgefroren.

verhunzen – etwas schlecht machen, verderben.

verkaisern, verkloppen – etwas unter der Hand verkaufen, zu Geld machen.

verknusen, den Menschen kann ich nicht verknusen – nicht ertragen, er ist mir zuwider.

verkraaseln – etwas verlegen, verkramen.

verloddern – verwahrlosen.

vermaddern – etwas verderben (durch falsche Handgriffe).

verquasen – vergeuden.

verschlagen, das wird schon was verschlagen – das wird die Kinder schon satt machen; bei dem verschlägt nuscht = er mag noch soviel essen, er wird nicht dick.

verschossen sein – in jemand verliebt sein.

verspaaken – austrocknen, undicht werden von Holzfässern oder -eimern.

vorspuken – von einem Ereignis reden, als ob es schon eingetreten ist oder mit Sicherheit kommt.

W

wegwutschen – weglaufen.

weimern – jammern.

Welt, es ist nicht alle Welt – es ist nicht viel wert.

wems (Verkürzung von wem sein) – wessen; wems Hut ist das; Frage an ein Kind: wems bist?

wennehr? – wann?

wischig – zerstreut.

Wischkoll, einen beim Wischkoll nehmen – jemand beim Wickel, beim Kragen nehmen.

wo (Füllwort, ohne örtlichen Sinn) – hast wo was gesehen?; is er wo krank?; I, wo werd ich = wie sollte ich.

Wocken – Spinnrad; **aber auch:** Fahrrad.

Wucht – große Menge (auf Speisen angewandt); e ordentliche Wucht Erbsen, Kartoffel.

wurgeln – hin- und herbewegen.

Z

zergen, sich zergen – sich zanken; er zergt den Hund = er ärgert den Hund mit Absicht; Hundezerger = Bezeichnung für die Zugposaune (es hat den Anschein, daß man durch das Vor- und Zurückziehen der Posaune einen Hund reizen will.

Zislaweng – Verlegenheitsausdruck für eine Sache oder Vorgang, die oder den man im Augenblick nicht bezeichnen kann.

zockeln – gemütlich dahintraben.

Zoddern – Fransen; zoddrige Haare = wirre Haare.

Zollbix – kleiner Junge.

zuner Wagen – geschlossener Wagen.

Zuckerkant – Kandis.

zufrieden, laß das zufrieden – laß es in Ruh, höre auf damit.

zurückdummen – vergessen, was man gelernt hat.

zusäen, ich habe zugesät – ich bin mit dem Säen fertig.

zuschustern – draufzahlen bei einem Geschäft.

zwingen, ich zwing es nicht auf – ich kann es nicht aufessen; er zwingt den Berg nicht rauf = er kann den Berg nicht ersteigen.

Ostpreußische Schwänke

Was man sich so über den Alten Fritz erzählte

Als der Alte Fritz einmal durch Ostpreußen reiste – sehr oft war das nicht, denn er hatte sich über die Ostpreußen sehr geärgert –, sah er einen alten Bauern, der gerade einen Apfelbaum pflanzte. Der Alte Fritz sah ihm ein Weilchen zu und meinte dann. „Warum müht Er sich so ab; von dem Baum wird Er ja doch keinen Apfel ernten."

„Majestät", sagte der Bauer, „das kann man nicht sagen. Ich bin heute 82 Jahre, mein Vater wurde 95, und mein Großvater war fast 100, als er starb. So alt werde ich vielleicht nicht, aber die paar Jahre, bis hier die ersten Äpfel dran sind, werde ich noch schaffen." „Na ja, wenn Er meint. Ich möchte das doch gerne sehen", erwiderte der König, „die ersten Äpfel von diesem Baum soll Er mir nach Potsdam bringen."

Einige Jahre vergingen. Da trug der Baum zum ersten Mal. Fünf Äpfel waren dran; drei fielen noch unreif ab, aber zwei waren so richtig schön mit roten Backen und wurden auch reif. Und wie abgemacht: Der Bauer steckt sie ein und stiefelt los nach Potsdam zum Alten Fritz.

Der Diener meldet dem König, draußen wäre ein alter Bauer aus Ostpreußen, der habe vor ein paar Jahren versprochen, die ersten Äpfel von einem jungen Baum dem König zu bringen.

„Donnerwetter", denkt der König, „hat der Alte doch recht behalten und Wort gehalten." Der Bauer wurde zum König in die Schreibstube vorgelassen, wo der gerade am Regieren war. Er überreichte die Äpfel. „Solch schöne Äpfel habe ich schon lange nicht gesehen", meinte der König, „die wollen wir uns schmecken lassen." Einen gibt er dem Bauern, in den anderen beißt er herzhaft rein.

Der Bauer aber nimmt sein Messer aus der Tasche und fängt an, den Apfel abzuschälen. „Nanu", fragt der König, „ißt Er die Äpfel nie mit der Schale?" „Ja", sagt der Bauer, „sonst immer. Aber einer von diesen beiden ist mir in einen Kuhfladen gefallen. Ich habe ihn gleich abgewischt, und nun weiß ich nicht mehr, welcher es war."

„Pfui Deiwel!" schimpft der König und spuckt den Happen aus, „Warum hat Er das nicht gleich gesagt?" „Majestät haben ja so schnell reingebissen, daß ich gar nicht dazu kam, ein Wort zu sagen", war die Antwort. Und dann schält der Bauer seinen Apfel weiter und läßt ihn sich gut schmekken.

*

Der Alte Fritz war mal wieder über Land gereist, um zu sehen, ob in seinem Königreich auch alles in Ordnung war. An einem Morgen ritt er nun allein vom Königsberger Schloß aus. Da bemerkte er auf einem Feld einen Bauern, der sah immer abwechselnd auf den Acker und zum Himmel hoch. Der König kam näher; da merkte er, daß der Bauer auch immerzu etwas vor sich hinmurmelte.

„Hör Er", rief er den Bauern an, „ich bin der König und will wissen, was Er da immer burbelt." „Majestät, ich sage bloß:

> Koame se, denn koame se nich!
> Koame se nich, denn koame se!
> (Kommen sie, dann kommen sie nicht!
> Kommen sie nicht, dann kommen sie!")

Der Alte Fritz schüttelt den Kopf: „Das ist ja ein Rätsel. Was soll das bedeuten?” „Ja”, sagt der Bauer, „das ist wegen der Erbsen, die ich hier gesät habe. Wenn die Tauben aus dem Dorf kommen, kommen die Erbsen nicht, weil die verdammten Tauben alles auffressen. Kommen die Tauben aber nicht, dann kommen die Erbsen.”

„Das werde ich mir merken”, sagt der König, „aber höre Er gut zu; Er darf niemand das Rätsel weitersagen, bis er mich hundertmal gesehen hat.”

Als der König nun wieder im Schloß war und mit seinen Ministern und Generälen an der Mittagstafel saß, gab er ihnen das Rätsel auf. Aber keiner wußte, was das bedeuten sollte. Und der Alte Fritz sagte noch: „Wer das Rätsel bis morgen mittag nicht raten kann, muß 300 Taler an die Kriegskasse zahlen.”

Das schmeckte den hohen Herren natürlich gar nicht ,und sie beratschlagten, was zu tun sei. Es war allen klar, daß der König sich das nicht selbst ausgedacht hatte. Irgendwer müsse es ihm gesagt haben. Aber wer? Sie kamen überein, festzustellen, wo der König am Vormittag gewesen war. Da, so meinten sie, müßte auch der zu finden sein, der dem König das Rätsel gesagt hatte. Und zuletzt fanden sie auch den Bauern.

Als sie ihn aber nach der Auflösung fragten, bedauerte er sehr, sie ihnen nicht sagen zu können. „Der König hat mir befohlen, die Lösung erst dann zu sagen, wenn ich ihn hundertmal gesehen habe. Und heute früh sah ich ihn ja zum ersten Mal.” „Oho”, sagt einer von ihnen, „das läßt sich machen. Wir müssen zusammenlegen und dem Bauern hundert Taler aufzählen. Dann hat er den Alten ja hundertmal gesehen; auf jedem Taler ist des Königs Kopf zu sehen.” Gesagt, getan. Und als sie dem Bauern klargemacht hatten, daß er die Taler behalten könne, wenn er ihnen die Auflösung verriete, war der Bauer nicht faul, steckte die Taler ein und sagte ihnen Bescheid.

Die hohen Herren ritten zufrieden und vergnügt nach Hause. Und als der König sie am nächsten Tag fragte: „Was hat es nun zu bedeuten:

‚Koame se, denn koame se nich!
Koame se nich, denn koame se?'

da sagten sie: „Ach, das sind die Tauben und die Erbsen." „Donnerschlag", erboste sich der König, „das habt Ihr nicht selbst gefunden." Er ritt wütend zu dem Bauern und stellte ihn zur Rede.

Der aber meinte ganz treuherzig: „Majestät, ich habe nur das getan, was Sie mir befohlen haben." Er erzählte nun alles und daß er den König hundertmal auf den Talerstükken gesehen habe.

Da mußte der Alte Fritz lachen; er freute sich über die Schlauheit seiner Minister und seiner Bauern.

***

Ein ostpreußischer Bauernjunge diente in Berlin bei der Garde. Kurz vor Weihnachten hatte man zu Hause geschlachtet. Die Mutter dachte natürlich auch an ihren Hans in Berlin und packte ihm ein schönes Paket mit Schmeckwurst ein. Gerade als das Paket ankam, mußte der Hans auf Wache ziehen. Schnell steckte er noch ein Stück Leberwurst in seinen Tornister und marschierte mit seinen

Kameraden ab. Er mußte nun als erster vor dem Schilderhäuschen stehen. Und weil er so einen richtigen Janker auf die Wurst hatte, schnitt er ein Stück ab und steckte es in die Tasche. Als er dann allein war, fing er an zu essen.

Da kam plötzlich der König vorbei. Hans erkannte ihn nicht; denn der König hatte eine alte Montur, ohne Abzeichen, an. Vorsichtshalber versteckte er aber das Stück Wurst hinter seinem Rücken.

Der Alte Fritz fragte ihn, was er da kaue. Es entwickelte sich folgendes Zwiegespräch: „Raten Sie doch." „Hast Blutwurst?" „Nein, höher rauf!" „Hast Du vielleicht Rauchwurst?" „Nein, nein, höher rauf!" „Na, hast du womöglich Leberwurst?" „Getroffen, getroffen!"

„Na", sagt der König, „nun rate Du mal, wer ich bin." „Sie sind wohl Leutnant", sagt der Soldat. „Höher rauf!" „Vielleicht sind Sie Hauptmann?" „Höher rauf!" „Sind Sie doch wohl nicht General?" „Höher rauf!" „Denn können Sie ja bloß noch der König sein!" „Getroffen, getroffen!"

„Verflucht nochmal", sagt ganz erschrocken der Soldat, „denn halten Sie bloß schnell mal meine Wurst, ich muß ja präsentieren!"

***

Einmal kam der König unverhofft früh morgens in einen Saal des Schlosses. Da stand ein Mann auf einer Leiter und war gerade dabei, die Uhr von der Wand zu nehmen. Der Alte Fritz dachte, das wäre der Uhrmacher, der die Uhr reparieren sollte. Als der Mann den König sah, erschrak er; auf dem gewachsten Fußboden fing die Leiter an zu rutschen.

„Ja, ja", sagte der König, „das ist hier glatt, da muß man aufpassen. Warte Er, ich werde ihm die Leiter halten, sonst fällt Er womöglich noch und zerschlägt dabei die teure Uhr." Er hielt nun die Leiter und – der Dieb machte seine Arbeit zu Ende, bedankte sich für die Hilfe und zog mit Uhr und Leiter ab.

Es dauerte nicht lange, da war große Aufregung im Schloß. „Aus dem Saal ist die Uhr gestohlen!" „Da können wir nichts machen", sagte der König. „Wenn der Dieb gefangen und bestraft wird, dann muß ich als Helfer mit ins Gefängnis. Ich habe ihm die Leiter gehalten."

***

Der Alte Fritz hatte es in seiner Jugend nicht gut. Sein Vater war sehr streng, und so manches Mal bekam der Sohn den Stock zu spüren. Und als der damals noch junge Fritz heiraten wollte, suchte der Vater ihm eine Frau aus. Die war pucklig, und im Kopf hatte sie auch nicht viel. Als der Vater nun gestorben war, wurde Fritz König. Seine Frau ließ er nun links liegen. Er ließ Tänzerinnen ins Schloß kommen, und es ging hoch her.

Aber es war da ein Pfarrer, dem gefiel dies Treiben ganz und gar nicht. Er predigte darum in der Kirche gegen den König und die ganze Hofgesellschaft. Der Alte Fritz ließ ihm sagen, er solle damit aufhören, er verstehe davon nichts. Er, der Pfarrer hätte heiraten können, wen er wollte, und so viel Prügel hätte er auch nicht bekommen. Aber der Pfarrer konnte nicht hören und wetterte weiter von der Kanzel gegen den König.

Da befahl der Alte Fritz, den Pfarrer nach Spandau auf die Festung zu bringen. Dem Kommandanten hatte er befohlen, dem Pfarrer die beste Stube, die beste Bedienung und auch das beste Essen zu geben. Aber es war ein Haken dabei. Der Pfarrer konnte sich am ersten Tag ein Essen wünschen, das sein Leibgericht war. Aber dies Essen sollte er nun jeden Tag bekommen, nichts anderes. Der Pfarrer aß für sein Leben gern Forellen. Die bekam er denn auch. Er saß mittlerweile drei Monate, alle Tage Forellen; er konnte schon keine Forellen mehr sehen und riechen.

Der Alte Fritz kam nun zur Besichtigung auf die Festung und kam auch zum Pfarrer auf die Stube. Er erkundigte sich, ob er sich über etwas zu beklagen hätte, wie die Behandlung und die Verpflegung wären. „Majestät", sagte der Pfarrer, „alles gut, aber jeden Tag Forellen und immer Forellen, wer hält das aus?" Da antwortet ihm der König: „Sieht Er, jeden Tag Karoline" – so hieß seine pucklige Frau – „jeden Tag Karoline und immer Karoline, wer soll das aushalten?" Der Pfarrer wurde nach Hause entlassen; gegen den König hat er nicht mehr gepredigt.

***

Das 1. Garderregiment hatte neue Rekruten bekommen. Darunter war auch ein großer staatscher Kerl, aber der konnte kein Wort Deutsch, nur Litauisch. Nun war Parade angesetzt. Die Offiziere waren im Schwindel, was sie machen sollten, wenn der König an diesen Rekruten gerät und Fragen an ihn stellt. Der würde den König nur groß ansehen und nichts anworten.

Man wußte aber daß der König in der Regel drei Fragen an die Soldaten stellte:

1. Wie alt ist er?
2. Wie lange dient er?
3. Ist Löhnung und Verpflegung gut?

Der Rekrut mußte nun die Antworten auf diese Fragen auf deutsch auswendig lernen:

1. 21 Jahre, Eure Majestät!
2. Ein Jahr, Eure Majestät!
3. Beides, Eure Majestät!

Der Alte Fritz kam nun wirklich an den Litauer, aber – wie's der Teufel will – er stellte die Fragen in anderer Reihenfolge, er fängt mit der zweiten an.

„Wie lange dient er?" Antwort: „21 Jahre."

„Wie alt ist er? Antwort: „Ein Jahr."

Der König sah ihn verwundert an und sagte: „Kerl, ist er verrückt oder ich?" Antwort: „Beides, Eure Majestät."

***

Einmal hatte sich der Alte Fritz als Invalide, d. h. als ausgedienter Soldat verkleidet, und ging in Potsdam durch die Krüge, um zu sehen, wie sich seine Soldaten da so benahmen. Da traf er einen, der saß so richtig bräßig am Tisch, machte eine große Zeche und hielt auch noch andere Soldaten frei. Der Alte Fritz setzte sich zu ihm und sagte so leise. „Mensch Kamerad, wie machst du das? Von dem bißchen Sold, den uns der Fritz, dieser Geizhals gibt, kannst du doch nicht so gut leben." „Kennst du denn nicht den preußischen Pfiff?" fragte der Soldat. „Nein", sagte der Alte, „wie ist das?" „Komm hier in die dunkle Ecke, da werde ich dir den Dreh zeigen." Sie gingen an die Seite, der Soldat zog seinen Säbel aus der Scheide und sagte: „Sieh mal genau hin! Kannst du sehen, woraus meine Klinge ist?" „Ja", sagte erstaunt der König, „aus Holz." Und der Soldat: „Die Klinge habe ich verkauft, die ist ja guter, teurer Stahl, Was soll ich mit der Stahlklinge, wir brauchen den Säbel ja doch niemals ziehen."

So eine Woche später inspizierte der König das Regiment, bei dem der Soldat mit dem hölzernen Säbel diente. Der Alte Fritz ritt die Front ab und sah den Mann stehen. Er hielt vor ihm an und befahl ihm, drei Schritte vor die Front zu treten und dann kehrtzumachen. Wie der nun vor seinen Kameraden stand, befahl ihm der Alte Fritz: „Zieh Er seinen Säbel und schlage Er seinem rechten Nebenmann den Kopf ab!" Der Mann erschrak und bettelte zum König: „Majestät, liebster Herr König, der Mann hat mir nichts getan, er ist mein bester Freund. Warum soll ich das tun?" Der König streng. „Rede Er nicht lange; Er soll zuschlagen, oder Er wird einen Kopf kürzer gemacht!"

Da kniete der Soldat nieder, faltete die Hände, sah zum Himmel und betete: „Lieber Gott, bevor ich solch große Schuld auf mich lade, gib doch lieber, daß mein Säbel nicht mehr aus Stahl möge sein, sondern aus Holz." Und er zog die Klinge, laut rief er: „Oh Wunder, großes Wunder! Der liebe Gott hat mich erhört!" Der König unterbrach ihn barsch: „Nein, der liebe Gott war das nicht, das ist der preußische Pfiff. Aber den werde ich ihm abgewöhnen. Er wird zwei Wochen in den Arrest marschieren. Abführen!"

***

13

Allerlei über die Domnauer

Die Domnauer hatten noch niemals einen Kürbis gesehen. Und nun brachte ein Bauer eines Tages einen ganz großen Kürbis auf den Markt zum Verkauf. Die Domnauer standen neugierig um den Wagen herum und staunten und fragten, was das wohl sei. Der Bauer war nun so einer, der es faustdick hinter den Ohren hatte. Er lächelte vor sich hin und sagte: „Das ist ein Kobbelei, ein Ei von meiner Stute". Der Bürgermeister dachte bei sich, das wäre ja eine Seltenheit, und es wäre sicher gut, das Ei für die Stadt zu kaufen. Der Bauer bekam einen ganzen Batzen Geld und verschwand schnell. Die Domnauer beratschlagten, wie das Kobbelei wohl auszubrüten wäre. Eine so große Glucke hatten sie nicht. Da kam einer auf den Gedanken, das könne ja der Schulmeister machen, der hätte in den Ferien so viel Zeit.

Der Schulmeister mußte sich nun ein Nest auf dem Berg dicht bei der Stadt bauen, da hinein kam das Ei. Der Schulmeister zog seinen langen Pelz an und begann mit Brüten. Er kam selten vom Nest und wurde von den Domnauer Frauen gut gefüttert. Er saß schon einige Wochen, da kamen der Bürgermeister und die Ratsherren, um zu sehen, wie weit es mit der Brüterei wäre. Einer nahm das Kobbelei in die Hand und sagte: „Ich glaube hier hat es schon gepickt." Der Kürbis war an einer Stelle etwas angefault.

Mit einem Mal, bei dem Ansehen und Drehen, rutschte ihm der Kürbis aus der Hand, rollte den Berg herunter und in einen Busch hinein. Da sprang aus dem Busch ein Hase erschreckt auf und rannte los. Die Domnauer meinten aber, das wäre das ausgekommene Fohlen. Der Schulmeister rannte dem Hasen hinterher und rief ganz laut: „Hitscherchen, Hitscherchen, kennst deine Mutter nicht?"

Der Hase störte sich daran nicht; der Schulmeister im langen Pelz immer hinterdrein und lief und lief, bis er ganz atemlos war. Seit der Zeit leiden alle Schulmeister in Domnau an Atemnot.

***

Der Domnauer Bürgermeister war einmal nach Königsberg gefahren und hatte dort Heringe zu essen bekommen. Die kannte er nicht, und sie schmeckten ihm ausgezeichnet. In der nächsten Ratsversammlung schwärmte er von diesem so herrlichen Essen, und seinen Ratskollegen lief das Wasser im Mund zusammen. So kam man schnell zu dem Beschluß, ein Fäßchen Heringe für die Stadt zu bestellen. Franz Wildies, Heringshandel in Königsberg auf der Unterlaak, lieferte schnell. Alles stand nun in Domnau um das Fäßchen herum, und jeder sagte sich: „Das ist doch viel zu wenig für die ganze Stadt. Was machen wir?" Sparsam war man in Domnau, noch ein Faß kaufen wollte man nicht. Da hatte einer der Ratsherren einen genialen Einfall. „Wir haben doch unseren schönen Stadtteich. Da schütten wir die Heringe hinein. Im nächsten Jahr, wenn die Heringe sich vermehrt haben, machen wir einen großen Fischzug und haben Heringe für alle Domnauer." Alle stimmten zu; die Heringe kamen in den Teich.

Ein Jahr später. Alles zog zum Teich, Bürgermeister und Ratsherren an der Spitze. Das Netz wird durch das Wasser gezogen. Nichts im Netz. Und so wiederholt man das Fischen, einmal, zweimal, dreimal, immer wieder… nichts im Netz. Da, es soll der letzte Zug sein, hatte man resigniert beschlossen – ein dicker, fetter Aal im Netz. Allgemeines Geschrei: „Das ist der Übeltäter, der hat unsere Heringe aufgefressen. Der muß ganz streng bestraft werden!"

Wie immer in solchen schwerwiegenden Fällen wird eine Kommission gebildet, die über die Bestrafung befinden soll. Es wird vorgeschlagen, man solle den Aal aufhängen. Das wird abgelehnt, weil die Strafe nicht hart genug sei; außerdem wäre fraglich, ob bei ihm die Schlinge am Hals halten würde. Nächster Vorschlag: Verbrennen. Nein, zu wenig. Es geht hin und her. Endlich ein Vorschlag, dem alle zustimmen: Der Aal wird ersäuft. Alles strömt zum Teich, der Aal fliegt in hohem Bogen ins Wasser. Voller Befriedigung sehen die Domnauer, wie das Tier sich windet: „Das ist die rechte Strafe gewesen, seht wie er sich quälen muß und windet, ehe er ertrinkt!"

***

In alter Zeit war einmal große Not in Domnau. Der Brunnen mitten auf dem Markt, aus dem alle Frauen das Wasser holten, war ausgetrocknet. Jeder Eimer, den man herunterließ, kam leer wieder hoch.

Die Ratsherren kamen zusammen und sollten raten und helfen. Sie saßen stundenlang zusammen und dachten nach, immer wieder, aber keiner wußte, was zu tun wäre. Dann wußte der Bürgermeister etwas: „So geht das nicht weiter. Wir müssen zum Brunnen hingehen und sehen, wo der Hund begraben ist." Man beschloß einstimmig, zum Markt zu gehen. Dort nun sieht der Bürgermeister in den Brunnen;

er sieht wieder heraus und sagt nichts; dann der zweite Ratsherr, der dritte und alle anderen danach. Das Sehen half nichts. Sie schüttelten den Kopf. „Rat müssen wir schaffen", sagt der Bürgermeister, „sonst nimmt das kein gutes Ende mit uns. Von hier oben sehen wir nichts; also müssen wir herunter. Wißt ihr, ich hänge mich innen an den Brunnenrand; der nächste klettert nach unten und hält sich an meinen Füßen fest. Der dritte klettert ihm nach und hält sich an ihm, und so geht es weiter, einer nach dem anderen, bis der letzte am Boden des Brunnen ist. Da kann er sehen, woran das liegt."

Gesagt, getan. Der Bürgermeister klammert sich an den Brunnenrand, der erste Ratsherr an seine Füße. Doch als sich der dritte an den zweiten hängt, wird es dem Bürgermeister doch etwas zuviel. Er ruft nach unten: „Haltet euch fest, ich will mir erst mal ordentlich in die Hände spucken!"

Er tat's – plaucksch – alle liegen im Brunnen.

***

Die Domnauer beschlossen, ein neues Rathaus zu bauen. Außerdem beschlossen die Ratsherren, das alte Rathaus sofort abzubrechen. So geschah es. Aber als sie sich zur nächsten Ratsversammlung zusammenfanden, stellten sie fest, daß sie ja kein Rathaus hätten. Wo sollten sie nun beraten, das war die große Frage. Aber zum Glück fiel einem ein, daß vor dem Tor auf einer Wiese ein großes rundes Loch wäre. Da könnten sie sich auf den Rand setzen und die Beine herunterbaumeln lassen. Das wäre die richtige Stelle, um die Sitzung abzuhalten. Alle waren zufrieden, und man zog vor die Stadt.

Die Beratungen sind zu Ende. Der Bürgermeister will eines seiner Beine aus dem Loch ziehen. Da schreit sein Nachbar, als ob ihn einer sticht: „Halt, das geht nicht, das ist ja mein Fuß.” „Nanu”, sagt der Bürgermeister und sieht in das Loch. Ja, da hatten sie alle schwarze Hosen bis zum Knie, lange blaue Strümpfe und blank gewichste Schuhe mit blanken Schnallen. Ein Bein sah wie das andere aus, und alle steckten in demselben Loch. Wer wollte da sagen, wem welcher Fuß gehöre. So saßen sie eine lange Zeit und wußten nicht, was zu tun sei. Da kam ein Handwerksbursche vorbei, den baten sie um Hilfe. Sie erzählten ihm, vor welcher unlöslichen Aufgabe sie standen (oder genauer gesagt „saßen”). Er begriff schnell, worum es ging, nahm seinen Stock – das war ein ganz kräftiger Kruckas – und haute auf die Füße der Ratsherren, was das Zeug hielt. „Der Knüppel wird helfen”, sagte er. Und der Knüppel half. Die Ratsherren sprangen aus dem Loch wie die Flöhe aus dem Hemd; jeder hatte ganz schnell seine Füße gefunden. Sie waren alle beglückt und dankten dem Handwerksburschen ganz herzlich.

***

Als die Domnauer ihre Stadt bauten, wollten sie die Straßen so breit machen,wie sie in den anderen Städten waren. Aber da meldete sich ein ganz Schlauer und sagte: „Das geht nicht! Wenn wir einmal ein Haus mitten in der Stadt bauen wollen, bekommen wir die langen Balken nicht durch die engen Straßen. Seht dem Storch zu; wenn er sein Nest baut, trägt er das Holz quer im Schnabel. Der Storch ist ein kluger Vogel." Er schlug vor, die Straßen so breit anzulegen, daß man mit dem längsten Balken quer hindurchkomme. Das sahen alle ein und lobten ihn als klugen Mann. Sie bauten ihre Straßen ganz breit. Und wer nach Domnau kommt, soll sich nicht über die breiten Straßen wundern. Er weiß jetzt, wie das zustande kam.

***

Als die Domnauer nun darangingen, das neue Rathaus zu bauen, stellten sie fest, daß in der Stadt nicht genug Platz wäre für das Behauen der Balken. Also machte man das vor dem Tor. Sie waren damit fertig und wollten mit den Balken in die Stadt; sie nahmen sie so, wie sie gerade lagen, und das war quer. O, weh, unmöglich, das Stadttor war nicht breit genug. Und da sie ja das Rathaus schließlich nicht vor der Stadt bauen konnten (alle Welt hätte sie ausgelacht), beschlossen sie, das Stadttor abzureißen, damit sie mit den Balken in die Stadt hereinkämen.

Es kamen schon die Maurer, um mit dem Abriß zu beginnen. Da kam ein kleiner Vogel angeflogen, der einen ganz langen Strohhalm im Schnabel trug und nirgends anstieß. „Seht bloß mal den Vogel an", riefen die Domnauer, „wie kommt der mit dem langen Halm durchs Tor, und wir haben mit unseren Balken keinen Platz?" Da schrie ihnen der Sperling zu: „Spötz noa vär! Spötz noa vär." (Spitze nach vorne). Die Domnauer hielten sich an den guten Rat, wenn er auch nur von einem kleinen dummen Vogel kam. Sie brachten die Balken mit der Spitze nach vorne in die Stadt und freuten sich, daß sie das Tor nicht abbrechen mußten.

***

Zu jener Zeit, als Diebe noch aufgehängt wurden, hatten die Domnauer auch einen erwischt. Drei Tage saß er im Spritzenhaus, dann ging es mit ihm zum Galgen. Das war ein langer Zug. Vorne ging der alte Wachtmeister und läutete mit der großen Glocke, damit die Leute aufmerksam wurden auf das Spektakel, das sich ihnen bieten würde. Zwei starke Schmiedegesellen kamen dann mit dem Dieb. Die Ratsherren folgten, der Bürgermeister an der Spitze mit seiner schweren Amtskette.

Der Galgen war draußen vor der Stadt. Der Zug war fast am Stadttor angekommen, da drehte sich der Dieb um und sagte: „Liebe Herren, ich habe solchen Appetit auf ein Dittchenbrot. Wenn ich bloß eins noch essen könnte, würde ich auch gerne den Kopf in die Schlinge stecken und mich aufhängen lassen."

Die Herren steckten die Köpfe zusammen und beratschlagten. Schließlich sagte der Bürgermeister: „Hier, mein Sohn, hast ein Dittchen. Laufe schnell zum Bäcker und kaufe dir das Dittchenbrot. Aber beeile dich, damit wir nicht zu lange warten müssen."

Der Dieb läuft schnell zum Bäcker, kauft sein Dittchenbrot. Aber da sieht er, daß das Stadttor sperrangelweit offen ist. Laut ruft er den wartenden Herren zu: „Domnauer, vielen Dank für das Dittchenbrot!" und ehe die Domnauer begreifen, was los ist, läuft der Dieb durchs Tor und weiter, als wenn ihm der Teufel auf den Hacken wäre. Er war weg für alle Zeiten.

Von dieser Zeit an war jeder Domnauer Bäcker glubsch, wenn jemand bei ihm ein Dittchenbrot verlangte. Es war immer ratsam, in Domnau ein Groschenbrot zu verlangen.

***

Der preußische König Friedrich Wilhelm IV. hatte 1857 zum ersten Mal Genaueres über die Domnauer gehört. Das gefiel ihm, und er wollte die Stadt Domnau besuchen. Den Domnauern wurde bekanntgemacht, daß der König kommen werde und sie sollten ihn mit allen Ehren empfangen und begrüßen.

Sie hielten Rat, was man dem Landesvater an Schönem und Gutem bieten könne. Da fand sich einer, der traf das Richtige. „Mitbürger, Nachbarn, Freunde!" begann er, „das Schönste und Beste, das wir haben, ist unsere neue Feuerspritze. Mit der werden wir dem König entgegenfahren und, wenn er ankommt, ihn mit einem guten Strahl begrüßen." Alle stimmten zu. Der König kam nun angeritten. Die ganze Feuerwehr stand vor der Stadt mitten auf dem Weg. Und als der König dicht heran war, kommandierte der Spritzenmeister: „Spritzt!" Der Schlauchmeister hielt den Schlauch so gut, daß der König ganz naß wurde wie ein gebadeter Kater. Da mußte Friedrich Wilhelm lachen. „So hat mich noch keine Stadt begrüßt", sagte er. „Jetzt glaube ich alles, was man mir von den Domnauern erzählt hat."

***

Damit unser Plattdeutsch nicht völlig zu kurz kommt, sollen die Domnauer Geschichten mit einem Gedicht von Wilhelm Reichermann abgeschlossen werden. Reichermann, der von 1845 bis 1920 lebte, stammte aus Kreuzburg. Er war dort Färbermeister, dann Mühlenbesitzer. Von ihm stammen eine große Zahl Gedichte und Geschichten in Plattdeutsch.

Meer wie Ju!

Öm Jaar siebnenfufzig öm Haarvst, denk ek, wöör't,
dat örschte Armeekoor hadd utmanövröört,
noa Heilsberg hen wöör Friedrich Wilhelm gekoame
on hadd dott de grote Paroad afgenoame.
Gliek drop wurd ön Ilau dat Denkmaal geweit,
woa dicht an e Stadt op em Hävel boav steit.
Noa Ilau da köme vääl Deputatione,
damang ök welk Bröder, de wöre nich one!
Rundöm all de Därper on Stääd sönd vertrede,
met 'm König hofft jeder e Woortke to rede.
Doch sitt se de König an, – ös en sofort
vär Angst gliek et Hart ön e Böxe geschoort.
Wie de König de Noatanger recht sek besitt,
befeelt he, dat man ok tor Toafel se titt.
On wie öm de Toafel ons' Noatanger hucke,
wie de Oadebaarsch fange se gliek an to schlucke,
on löte se öörschte dem Moot etwas sinke,
nu findt de Kuroasch sek bi Eier on Schinke.
Wie Schnee öm Apröll verschwund Broade op Broade,
on de Leibkoch mußd renne, he kunn knapp geroade,
doch wurd dissem Herre sien Möög schlecht verdankt,
wiel een Köörl pertu noch grau Arfte verlangt.
„Wat do ek", so brommt he, „möt stänker'ge Fösch?
Nu bringt moal de Botter hier rasch op e Dösch!
Am Sönnoavend hide, gehöört sek dat so,
verlang ek grau Arfte on Spirkel dato!"
Dis Köörl ganz besondersch de tökend sek ut,
he fräät wie e Drescher on schmackst dabi luut.

On wenn he so pundwies hefft Broade gefräte,
denn hefft undre Dösch he de Knoakes geschmäte.
Öm Äverge lööt dissem Köörl et recht goot,
op e Brost hängt e Stern wie e Franzbroot so groot,
on de König bemurk em on froagd: „Meine Herrn,
wer ist doch der Herr mit dem faustgroßen Stern?"
Nu warrt gliek beordert de Hauptmann v. Specht,
de froagt onse Landsmann: „Wer seid Ihr so recht?"
De göfft em tor Antwort: „Na meer doch, wie Ju!"
On lätt sek nich störe on frätt ömmer zu.
Dem König beröcht nu de Hauptmann v. Specht,
wat jenner em hadd fer e Antwort geseggt.
De König mußd lache on schöckt e Gen'roal.
De froagt onse Kunde tom andere Moal.
He ranzt em glieck an. „Nun endlich ist's Zeit,
nun sag 'mal geschwind, welchen Standes Ihr seid!"
Ons Noatanger seggt drop: „Na, na, wat ös nu?
Koamt hier nich woa groff! Ek si meer als wie Ju'"
On als Friedrich Wilhelm dis Bootschaft denn höört,
hefft he sek natürlich noch meer amesöört
on seggt to em Wrangel: „Na, denn altes Haus,
denn bitte sehr, fragen doch Sie den Herrn aus."
Onn bocksbönig stövelt de Wrangel denn 'ran:
„Ach sagt mich doach,
was Ihr recht seid, lieber Mann?"
Ons' Landsmann kaut Oader; behoaglich met Ru
seggt he to em Wrangel: „Meer si ek wie Ju!"
„Wat Schinder,
noch meer wie Gen'roal-Feldmarschall?
De Köörl is verröckt! das ös söcher de Fall."

De König de föllt sek denn schließlich bewoage,
denn sölvst höchstpersöönlich dem Körl to befroage.
Vom Stool rasch rebastelt ons' Noatanger op, Bratz! –
Schmött he vom Dösch noch e Teller mit Sopp –
„Ek si je", so seggt he on póörscht sek nich wenig,
„ek si von de Domnau'sche Schitze de König!"

Wilhelm Reichermann

Was man sich so erzählte, offen oder hinter vorgehaltener Hand – im Dorfkrug oder übern Gartenzaun

Der Pfarrer lügt

Der alte Schäfer war schon einige Jahre nicht in die Kirche gegangen, obwohl ihn seine Frau und auch der Pfarrer, wenn er ihn traf, gemahnt hatten. Eines schönen Sonntags überrascht er nun seine Frau: „So, heute gehe ich zur Kirche, damit eure Nörgelei endlich aufhört." Er also den guten Anzug angezogen und zur Tür raus. Es dauert gar nicht lange, vielleicht so zwanzig Minuten, da kommt er schon wieder zurück. Seine Frau ist erstaunt: „Was, die Kirche schon aus?" „Nein", sagt er, „das nicht; aber zu dem Pfarrer geh' ich nicht mehr: Der lügt ja von der Kanzel runter!" Die Frau sieht ihn ungläubig an: „Was hat er denn gesagt?" „Was er gesagt hat? Mit lauter Stimme, die Arme hoch, sagt er ‚In meines Vaters Hause sind viele Wohnungen'. Gelogen. Ich kenn' ihn doch von zu Hause. E kleine Kalupp mit zwei Stuben hatten sie, das war alles."

Der Pfarrer stichelt

Ein anderer Schäfer war am Sonntag mit seinen Schafen nicht weit von der Kirche. Die Schafen fraßen gut und liefen nicht herum. „Das paßt heute gut", sagt der Schäfer zu seinem Hund, „was meinst du, wir gehen heute in die

Kirche?" Der Hund verstand jedes Wort, stand gleich auf und sah den Schäfer zustimmend an. Also gingen sie in die Kirche.

Der Pfarrer predigte schon. Beide setzten sich in eine Ecke, wo sie nicht von allen gesehen werden konnten. Da denkt der Schäfer mit einem Mal, er hört nicht recht. Was sagt der Pfarrer da von der Kanzel? „Der gute Hirte lässet sein Leben für die Schafe, der Mietling aber, der nicht Hirte ist, des die Schafe nicht eigen sind, verlässet die Schafe und flieht."

Das war dem Schäfer denn doch zu viel. Er stand auf und sagt ganz laut zu seinem Hund: „Komm, der Pfarrer stichelt!"

Der Pfarrer und die Landstreicher

Drei Landstreicher – Wenktiner sagten wir – kamen zu einem Pfarrer. Der gehörte nicht gerade zu den freigebigsten Menschen. Er wollte also den Landstreichern nichts geben. „Aber", sagte er, „auf dem Hof liegt ein Haufen Holz. Wenn ihr den kleingemacht habe, gibt es ein gutes Mittagessen." Die drei also ran und auf Deiwel komm raus gearbeitet. Es dauert nicht lange, das Holz ist kleingemacht und schön aufgeschichtet.

Beim Pfarrer war nun frisch geschlachtet. Zu Mittag sollte es den ganzen Schweinekopf gekocht geben. Den ließ der Pfarrer nun auf den Tisch stellen. Er dachte aber, die Wenktiner noch einmal zu ärgern. Als sie nun alle um den Tisch sitzen, sagt er: „Bei mir ist es so Brauch, daß jeder beim Essen einen Spruch zu dem sagt, was er gerade beim Essen macht." Er hoffte, die drei würden das nicht können und er wäre sie auf diese Art schnell und billig los. Er sollte sich aber verrechnet haben.

Der erste nahm das Messer und sagte. „Und er hieb ihm ein Ohr ab!” schnitt ein Ohr ab und das zweite dazu und fing behaglich an zu kauen. Der andere sagte: „Und er gab ihm einen Backenstreich.” Er schnitt beide Schweinebacken ab und kaute auch munter drauflos.

Der dritte aber sagte. „Und er verschwand vor ihren Augen”, und war mit der ganzen Schüssel und dem Rest vom Schweinekopf zur Tür hinaus. So hatte der Pfarrer das Nachsehen. Da nahm er wenigstens die Suppenschüssel, trank sie aus und sagte: „Das tu ich für euch alle!”

Des Kantors Brille

Früher war es ja so, daß viele Menschen nicht lesen und schreiben konnten. Das kam nicht von ihrer Dummheit – wenigstens nicht immer –, sondern sie hatten oft keine Gelegenheit, zur Schule zu gehen.

In der Kirche war es dann so eingerichtet, daß der Kantor die Melodie vorsang, nach der das Lied gesungen werden sollte und dann Zeile für Zeile den Text ansagte. So war es auch dieses Mal. Das neue Lied sollte, so sagte der Kantor an, nach der alten Melodie „Wer nur den lieben Gott läßt walten” gesungen werden. Die Weise spukte ihm noch im Kopf herum, als er so dastand und an seiner Brille putzte, die gar nicht klar werden wollte. Und dabei kam es ihm dann so über die Lippen: „Was ist heut‘ bloß mit meiner Brille? Die ist ja ganz mit Fett beschmiert.”

Aber wie fährt ihm das in die Knochen, als er nun die Gemeinde singen hört:

„Was ist heut‘ bloß mit meiner Brille?
Die ist ja ganz mit Fett beschmiert.”

„Oh nein, oh nein, so schweigt doch stille, daß das nicht noch der Pfarrer hört!” schreit der Kantor voller Angst.

Aber die Worte paßten so schön zu der Melodie, die dem Kantor immer noch im Kopf war, und die Gemeinde sang unverzüglich weiter. Der Kantor war ganz entzwei und fiel auf die Chorbank zurück: „Oh, was euch doch der Teufel plagt, ich werd' noch aus dem Amt gejagt." Die Gemeinde brachte auch diese Zeilen auf gute Art und laut zu Ende.

Ob das auch das Ende der Laufbahn des Kantors war, ist nicht überliefert; ich glaube es aber nicht. Der Pfarrer war zu dieser Zeit noch gar nicht in der Sakristei, sondern war anderweitig beschäftigt. In der folgenden Geschichte wird es erzählt.

Der Pfarrer und die Schnepfe

Besagter Pfarrer war ein leidenschaftlicher Jäger. Es war gerade die Zeit vor Ostern, Schnepfenzeit. (Sicher kennen Sie den Vers: „Oculi, da kommen sie; Lätare, das ist das Wahre; Judica, sind sie auch noch da; Palmarum, trararum." Mit diesen Namen der Sonntage vor Ostern ist die Zeit des Schnepfenzuges bezeichnet.) Er kam vom Pfarrhaus über den alten Kirchhof zur Kirche, schon angetan mit dem Talar. Da, eine Schnepfe streicht an ihm vorbei und fällt in seinen Garten ein. Sein Gedanke: Die darf ich mir nicht entgehen lassen. Er zurück ins Haus, sein Gewehr geholt, und im Garten erlegt er den begehrten Vogel. Das Gewehr lehnt er an den Zaun, die Schnepfe kommt schnell unter den Talar in eine Innentasche seiner Jacke. In der Kirche läuft nun alles normal. Aber – er steigt auf die Kanzel – was ist das? Die Schnepfe rührt sich in der Rocktasche. Zurück? Nein. Er steigt entschlossen weiter, sieht seine sündige Gemeinde vor sich und beginnt seine Predigt mit einem gewaltigen Schlag an seine Brust: „Schlagt an eure Brust, ihr Sünder allzumal; werdet wieder gläubiger (zweiter Schlag);

kehret reumütig zurück zu eurem Gott (dritter Schlag), auf daß ihr das Himmelreich ererbt!"

Die Schnepfe war auf jeden Fall im Schnepfenhimmel.

Lesen ist schwer

In den alten Gesangbüchern waren die Anfangsbuchstaben der Lieder rot gedruckt. Ein altes Frauchen, die auch nicht lesen konnte, hatte aber ein Gesangbuch. Sie schlug es immer auf und sang andächtig und aus voller Kehle: „Schwart un witt und rot damang – schwarte sönd de meiste!"

Sie meinte die Buchstaben, denn was die zu bedeuten hatten, wußte sie nicht.

Einer Frau in der Kirche kam es so komisch und ungewohnt vor, was ihre Nachbarin in der Bank da aus voller Kehle sang. Sie sah ihr über die Schulter und wunderte sich sehr: „Aber Nachbarin, du hast ja das Register aufgeschlagen und singst aus dem Register!"

Die Nachbarin schüttelt den Kopf: „Schinder, drum auch, das ging ja auch so holprig."

Der Generalsuper

In ein großes Kirchdorf sollte der Generalsuperintendent zur Generalvisitation kommen. Der Name war allen viel zu lang, und so sagte der Pfarrer und alle anderen auch: „Der Generalsuper kommt!"

Der Pfarrer hatte eine ganz schöne Wirtschaft und hielt sich ein paar Pferde und auch einen Kutscher. Der gehörte allerdings nicht zu den Klügsten. Ihm befahl nun der Pfarrer: „Spann an und fahre zur Bahn. Der Zug ist so gegen drei Uhr da. Da wird ein Herr im schwarzen Anzug aussteigen und nach mir und meinen Wagen fragen. Den bringst du mit. Fahre aber zeitig los. Du mußt vorher noch bei der Brauerei vorbei und ein Achtel Bier abholen."

Der Kutscher ließ sich Zeit und kam gerade so zum Zug zur Zeit. Das Achtel Bier wollte er dann nachher holen. Er fährt also zur Brauerei – den fremden Herrn auf dem Wagen –, holt das Achtel heraus und verstaut es unter dem Tambour. „Für wen holen Sie das Bier", fragt der Herr. „Für den Herrn Pfarrer", war die Antwort. „Trinkt der denn so viel Bier?" „Nein", sagt der Kutscher, „der Herr Pfarrer trinkt wenig genug. Aber da soll zu uns heute so einer kommen, den nennen sie alle den Generalsuper, und der wird ja wohl das ganze Achtel aussaufen." Nun wußte der Generalsuperintendent, was er zu tun hatte.

Die Herzensstärkung

Es fiel dem Pfarrer auf, daß ein altes gebrechliches Frauchen Sonntag für Sonntag in die Kirche kam und auch immer zum Abendmahl ging. Es ergab sich nun einmal, daß sie an ihm vorbei wollte, als er gerade aus der Sakristei kam. Er sprach sie an: „Liebes Frauchen, ich habe Euren Eifer wohl bemerkt, mit dem Ihr Gott gefällig sein wollt und nicht Hitze und Kälte scheut, in sein Haus zu kommen. Aber der Mensch siehet, was vor Augen ist. Gott aber siehet das Herz an, so stehet geschrieben. Das heißt also, daß Gott Eure Frömmigkeit sieht und wohl daran schon Genüge hat, denn Ihr seid alt und betagt und nicht mehr recht zu Fuß, und da verlangt Gott nicht, daß Ihr Sonntag für Sonntag Euch abplagt und zu Beichte und Abendmahl zur Vergebung Eurer Sünden kommt – ich möchte auch meinen, daß Ihr so viel Sünden vielleicht auch nicht habt."

„Aber Herr Pfarrer, das Schluckchen Wein alle Sonntag ist doch meine ganze Herzensstärkung; das könnt Ihr mir doch gönnen", sagt die Alte und faltet fromm die Hände.

Erst vespern

Da war ein Bauer im Dorf, von dem wußte jeder, daß er ein richtiger Antreiber war, dem nicht genug gearbeitet werden konnte und der seinen Knechten nicht einmal die Zeit zum Essen gönnte. Dorthin kam ein neuer Knecht, der es faustdick hinter den Ohren hatte. Als ihm abends die anderen Knechte erzählten, wie es auf dem Hofe zuginge, dachte er bei sich: „Den werde ich schon in die Reihe bekommen."

Am anderen Morgen – alles hatte gefrühstückt und ging an die Arbeit – blieb der neue Knecht so ganz verloren und nachdenklich sitzen. „Worauf wartest du?" fragte der Bauer schon ziemlich ungeduldig. „Ach", sagte der Knecht so ganz in Gedanken, „ich überlege mir nur, wieviel Zeit wir unnötig versäumen, wenn wir in drei Stunden schon wieder essen. Es wäre doch eine große Zeitersparnis, wenn wir jetzt gleich Kleinmittag machten und dann tüchtig durcharbeiten würden."

Dem Bauern schien das gar nicht so dumm. Er ließ Kleinmittag auftragen und die anderen Knechte rufen. Als alle bald satt waren, murmelte der neue Knecht so vor sich hin: „Wenn ich hier was zu sagen hätte, würden wir gleich Mittag essen, dann könnten wir nachher richtig durcharbeiten."

Der Bauer überlegte sich schnell, daß die Knechte jetzt ja schon ganz schön satt seien und nicht mehr viel essen könnten. Auf diese Weise spare er ja nicht nur an Zeit. Seine Frau mußte die Keilchen kochen; es ging schnell, denn sie hatte noch Feuer im Herd. Der Bauer kam auf seine Rechnung, die Männer waren satt und konnten nicht mehr viel essen, so daß noch eine Menge für den nächsten Tag übrigblieb. Darum brauchte der neue Knecht den Bauern auch gar nicht mehr viel überreden, als er nun vorschlug, doch auch gleich zu vespern. Die Bauersfrau sah, wie das weitergehen würde, und setzte schon die Milch für die Abendbrotsuppe auf. Und richtig: die Knechte sind noch nicht mit vespern fertig, da verlangt der Bauer schon, daß das Abendbrot gebracht wird. Dem Knecht war es recht, daß der Bauer das jetzt ohne seinen – des Knechtes – Ratschlag verlangt hatte. Die Knechte konnte nur noch ein paar Löffel Suppe essen, dann wischten sie ihre Löffel am Hosenbein ab. Da stand der neue Knecht nun auf: „Na, denn kommt man, Leute. Der Bauer hat uns Abendbrot gegeben, nun gehört es sich für ordentliche Knechte, daß sie ins Bett gehen. Kommt, und gute Nacht auch."

Die Knechte hielten alle zusammen, gingen in ihre Kammer und krochen in die Federn. Der Bauer konnte nichts machen. Hilfe aus dem Dorf konnte er auch nicht holen, man hätte ihn ausgelacht. Das Rezept aber hatte geholfen. Mit dem Antreiben war es zu Ende.

Die Wette

Da war einmal ein Gastwirt, der war neugierig und habgierig. Wenn er etwas von einer Wette hörte, war er gleich dabei; es ging dabei ja fast immer ums Trinken, und er hoffte daran gut zu verdienen. Als er einmal in die Gaststube kommt, sitzen da an dem Tisch am Fenster zwei Männer und streiten, dann sehen sie zum Fenster hinaus, streiten wieder, bis schließlich einer sagt: „Na, dann wollen wir doch wetten!" Der Wirt kannte beide und wußte, daß sie nicht arm waren, und hoffte auf guten Verdienst. Er war also schnell da und bot sich zum Durchschlagen an. „Worum soll es gehen?" „Zehn Flaschen Schampus", sagt der eine. Der Wirt schlug durch und dann holte er eine Flasche nach der anderen aus dem Keller und vergaß auch nicht, fleißig mitzutrinken. Einer von den beiden müsse ja verloren haben, dachte er bei sich, und ist zum Bezahlen dran. Als alle schon ganz schön einen sitzen hatten und gerade der letzten Flasche den Hals brechen, fragt der Wirt: „Worum ging eigentlich die Wette?” Der eine der Gäste erklärt es: „Sieh mal, wir sehen durch das Fenster und merken, daß der Kirchturm schief steht. Ich sage: ‚Wenn der umfällt, fällt er nach Westen.‘ Und er sagt: ‚Nein, er fällt nach Osten.‘ Darum haben wir gewettet.”

„Wer bezahlt denn nun?” fragt der Wirt.

„Na”, antworten beide, „da müssen wir schon warten, bis der Kirchturm umfällt; früher wissen wir nicht, wer verloren hat und bezahlen muß.” Sie lachten wie die Spitzbuben, und der Wirt machte ein saures Gesicht.

Die Suppe dem Meister

Wenn der Geselle und der Lehrling sich an den Tisch zum Essen setzten, griffen sie immer zuerst zum Fleisch und ließen die Suppe stehen. Das wollte ihnen der Meister abgewöhnen. Er schöpfte sich zuerst die Suppe ein und lobte die Suppe: „Ach die schöne Suppe, wie schmeckt die doch gut, da könnte man alles Fleisch stehen lassen!” So ging das Tag für Tag, bis der Lehrling aus Angst vor dem Meister zuerst zur Suppenschüssel griff und sich Suppe einschöpfte, ohne Fleisch zu nehmen.

Da brüllte ihn aber der Geselle an: „Weißt du nicht, daß der Meister so gerne Suppe ißt? Jung, nimm das Fleisch, laß die Suppe dem Meister!”

Der Bauer und der Ratsherr

Es war an einem Sonnabend. Da kommt ein Bauer in die Stadt und hat einen Korb mit Eiern auf seinem Wagen. Er nimmt den Korb über den Arm, geht durch die Straßen und sieht sich überall suchend um. Da kommt ein Herr auf ihn zu und fragt, was er denn suche. „Ich suche einen Ratsherrn", sagt der Bauer. „Warum einen Ratsherrn?" Der Bauer erklärt es ihm: „Ich habe hier im Korb ein Schock Eier und will ihn raten lassen, wieviel Eier im Korb sind. Wenn er das rät, will ich sie ihm schenken."

„Oh", sagt der Herr, „das trifft sich gut, ich bin Ratsherr; kommen Sie nur mit in mein Haus". Im Hause des Ratsherrn fragt der Bauer nun: „Lieber Herr, wieviel Eier sind nun in meinem Korb?" „Mein lieber Mann, da sind sechzig Eier drin", ist die Antwort. „Donnerschlag!" sagt der Bauer, „geraten!" Der Ratsherr bekommt den Korb mit Eiern. Er bedankt sich und sagt: „Wenn Sie wieder etwas zu raten haben, kommen Sie ruhig wieder zu mir." „Das will ich tun", antwortet der Bauer und fährt nach Hause.

Acht Tage später ist der Bauer wieder bei dem Ratsherrn. Er hat wieder einen Korb über dem Arm, aber darüber ist ein Tuch gelegt. Das Tuch hat ein Loch und der Schwanz eines Hahnes steckt heraus. „Mein Herr", sagt der Bauer, „nun raten Sie mal, was ich heute im Korb habe!" „Mein lieber Mann", sagt der Ratsherr, „Sie haben einen Hahn im Korb." „Weiß der Teufel, wie Sie das machen", sagt der Bauer, „Sie haben schon wieder richtig geraten" und gibt dem Herrn den Hahn.

Es vergehen wieder acht Tage. Der Herr wartet schon auf den dummen Bauern und hofft wieder etwas einheimsen zu können. Und richtig, der Bauer kommt und trägt einen Sack auf dem Rücken. Der Sack hat ein Loch und daraus hängt ein Katzenschwanz. Als er durch die Tür geht, drückt er den Sack gegen die Wand, so daß die Katze laut miaut.

„Ja, das ist schön, mein lieber Mann, daß Sie wieder etwas zum Raten bringen", sagt der Herr.

„Lieber Herr", antwortet der Bauer, „aber heute wollen wir beide hundert Taler setzen." Und damit legt er hundert Taler auf den Tisch.

Der Herr macht das auch, und der Bauer sagt: „Nun, lieber Herr, raten Sie, was in dem Sack drin ist."

„Mein lieber Herr, in dem Sack ist eine Katze."

Der Bauer: „Angeführt, es ist ein Kater!" Und damit streicht er das Geld ein, geht und kommt nie wieder.

Ich bin immer noch beim Essen

In früherer Zeit gab es bei manchem Bauern zum Abendbrot Saubohnen. Die wurden in der Schale gekocht, abgegossen und auf den Tisch geschüttet. Dann setzten sich alle heran, lüfteten die Schoten und aßen die Saubohnen. Bis einer dabei satt wurde, konnte lange dauern. Nun hatte ein Bauer einen Knecht, der war schwer satt zu machen und schon gar nicht mit Saubohnen.

Da gab es nun wieder einmal Saubohnen mit Schoten zum Abendbrot. Der Bauer hatte gegessen und stand auf, die Bauersfrau ging auch und zuletzt die Mädchen. Alle gingen schlafen. Und der Knecht aß weiter. Der Bauer hatte ihm noch gesagt, er müsse am anderen Morgen die Pferde früher füttern, da sie in die Stadt fahren wollten. „Wenn ich man nicht verschlafe", sagte der Knecht. Der Bauer wollte ihn auf jeden Fall wecken.

Am Morgen zog der Bauer schnell seinen Pelz über und ging auf Schlorren den Knecht wecken. Aber der war nicht in seiner Kammer. Der Bauer schreit nun laut durchs ganze Haus: „Karl, Karl, wo bist du?" Da meldet sich der Knecht aus der Küche: „Ich bin immer noch beim Essen!"

Von klugen Hunden

Ein paar Förster saßen im Krug zusammen, und – wie sollte es anders sein – sie prahlten mit der Klugheit ihrer Hunde.

„Mein Nero", sagte der alte Förster Schmidt, „ist das klügste Tier, das auf vier Beinen herumläuft. Vor einigen Wochen machte er so ein miesepetriges Gesicht, fraß nicht und sah mich immer so an, als wollte er sagen, ich solle ihm doch endlich helfen. Aber ich war zu dumm, um ihm zu helfen.

Eines Morgens war er verschwunden. Am anderen Tag kam er angelaufen, lustig und vergnügt, und hatte einen Brief zwischen den Zähnen. Den brachte er mir. Ich mache ihn auf.

Was war drin? Eine Rechnung vom Zahnarzt aus der Stadt. Der Nero hatte Zahnschmerzen gehabt, war zum Zahnarzt gelaufen und hatte den Zahn ziehen lassen."

„Das ist noch gar nichts", sagte der Förster Donner. „Mein Treff ist ein ganzes Ende klüger. Er ist ja nun nicht mehr der Jüngste und hat mit der Zeit ganz tüchtig Rheumatismus bekommen. Er schlich bloß noch ganz steifbeinig herum. Da verschwand er mir auch. Über eine Woche war er weg. Und als er wiederkam, brachte er eine quittierte Rechnung mit. Er war beim Tierarzt gewesen und hatte sich gegen Rheuma behandeln lassen. Als er auskuriert war, fing er ein paar Hasen, machte seine Rechnung damit klar und brachte sie mir bezahlt an."

Vom Jagdglück

Wenn der alte Förster Moldenhauer im Krug saß, dann erzählte er Sachen, daß sich die Balken bogen. So auch diese Geschichte.

„Also, was mir am Sonntagmittag passiert ist, wird es so bald nicht wieder geben. Da habe ich doch einen Hasen, einen Fuchs, einen Hirsch und ein Rebhuhn erlegt, ohne einen einzigen Schuß abzugeben.

Ich war beim Jagen vier bei der Hirschwiese. Da sehe ich zwei Adler kreisen. Einer hat einen Hasen in den Fängen. Da stößt der andere auf ihn zu; der erste läßt den Hasen fallen und der kommt aus ein paar hundert Metern Höhe voller Wucht runter und einem Fuchs aufs Kreuz. Der Fuchs natürlich sofort tot. Von dem Krach wird ein Zwölfender aufgeschreckt, stolpert über den Fuchs, fällt hin und bricht sich das Genick. Ich stehe da, wundere mich, schlage die Hände vor Freude über dem Kopf zusammen – und habe ein Rebhuhn zwischen den Fingern. Wenn das kein Jagdglück ist!"

Und als guten Schluß noch das, was Wilhelm Reichermann von den Bürgern der Nachbarstadt Zinten zu erzählen weiß, natürlich auch auf plattdeutsch:

Zintsche Mood

Kömmt man möddags rönn noa Zinte,
Wat man äwerall dat finde,
Dat de Zintner vär de Där
Söke Tähnepröckels vär;
Pröckle seck önn ähre Tähne,
Dat de Noaber dat sull söhne
Onn denn kömmt op de Idee:
„Söht em Noaber, ach Herrje!
Wer kann läwe so wie dö! –
De häfft Broade gar gegäte!"
Doch he häfft seck leider blos
Vollgeschluwt en Buuk voll Mooß.
Dat sull oawer keiner weete;
De se schäme seck, de Kräte,
Dat se man gries Mooß gefräte.
Dat öss moal so Zintsche Mood.
Zintner moake görn seck groot! –

Ostpreußische Rätsel und Scherzfragen

Rätsel und Scherzfragen

Wann sät man Flachs, im Herbst oder im Frühling?	Nie; man sät nicht Flachs sondern Lein.
Hinter unserem Haus steht eine Fladrusch, und wenn man sie anfaßt, beißt sie.	Die Brennessel.
Was für ein Stück Fleisch liegt immer im Wasser und fault nicht?	Die Zunge.
Wo hat das Schwein das meiste Fleisch	Zwischen Kopf und Schwanz.
Sieben Fliegen sitzen auf dem Tisch, drei davon schlägst du tot; wieviel bleiben?	Keine; die anderen sind weggeflogen.
Wie kommt der Floh ins Bett?	Schwarz.
Welche Schuhe tragen nicht die Frauen?	Männerschuhe.
Wer ißt mit zwei Löffeln?	Der Hase
Ein Füllen wurde zwei Jahre alt; wohin ging es da?	Ins dritte Jahr.

Was hat vier Füße, schreit krah krah und fliegt in der Luft?	Zwei Krähen.
Sieben Frauen gingen waschen, jede Frau hatte sieben Taschen, in jeder Tasche waren sieben Katzen, jede Katze hatte sieben Junge. Wieviele Füße waren das?	Vierzehn Füße; die Katzen hatten Pfoten.
Ein Stall voll weißer Gänse und in der Mitte ein roter Ganter; was ist das?	Die Zähne und die Zunge.
Wo liegt die Gans am wärmsten?	In der Bratpfanne.
Eine Gans vor zwei Gänsen, eine Gans hinter zwei Gänsen, eine Gans zwischen zwei Gänsen; wieviele Gänse sind das im ganzen?	Drei Gänse.
Was ist das beste an der schwarzen Kuh?	Daß sie weiße Milch gibt.
Welches Gebot haben die 20jährigen Mädchen am liebsten?	Das Aufgebot.
Wie weit geht die Ente ins Wasser?	Bis sie schwimmt
Wer steht im Holz und geht?	Der Brotteig im Backtrog.

Wieviel Eier trank der Riese Goliath nüchtern?	Eins.
Wann hat der Hase Zahnschmerzen?	Wenn ihn der Hund beißt.
Wie weit läuft der Hase in den Wald?	Bis in die Mitte, dann läuft er wieder hinaus.
Welcher Ring ist nicht rund?	Der Hering.
Wieviel Heringe gehen in ein Faß?	Keiner; sie werden hineingelegt.
Es rennt die Treppe herunter und sein Schwanz wird immer länger?	Das Wollknäuel.
Wieviel Schritte macht der Spatz am Tag?	Keine; er hüpft mit beiden Füßen.
Wer hat das größte Kreuz?	Der Windmüller.
Wer kommt zum ersten ins Rathaus?	Der zweite.
Wer verdient sein Geld im Handumdrehen?	Der Leierkastenmann.
Wann hat der Müller das meiste in der Mühle?	Wenn er den Kopf aus dem Fenster steckt.

Wo hat der erste Mensch den ersten Löffel genommen?	Am Stiel.
Wie lange trägt das Pferd das Hufeisen?	Solange es das Bein angehoben hat; wenn es das Bein auf die Erde setzt, trägt das Eisen das Pferd.
Warum hängt der Dieb?	Weil der Strick zu kurz ist.
Welches Pferd sieht hinten so gut wie vorne?	Das blinde.
Auf welcher Seite hat das Schaf die meiste Wolle?	Auf der äußeren; innen hat es keine Wolle.
Was ist schon lange fertig und wird doch alle Tage gemacht?	Das Bett.
Wat sieht auf den Dachboden und kommt keinmal rauf?	Die Leiter.
Was ist, wenn der Schornsteinfeger in den Schnee fällt?	Winter.
Was macht der Storch, wenn er auf einem Bein steht?	Er hebt das andere in die Höhe.
Was machen die Mädchen beim Melken?	Krumme Finger.

Was ist unmöglich?	Einen Fingerhandschuh über einen Fausthandschuh zu ziehen.
Was sieht der liebe Gott nie, der Kaiser selten, der Bauer jeden Tag?	Seinesgleichen.
Was ist unrecht und doch keine Sünde?	Wenn man den linken Handschuh auf die rechte Hand zieht.
Was ist das beste am Kalbskopf?	Daß das Kalb daranhängt.
Wieviel Nägel braucht ein Pferd, das gut beschlagen ist?	Keine.
Hast du schon einmal einen Storch mit dem Schwanz gesehen?	Nein; immer mit den Augen.
Schreit der Kuckuck vor Johanni oder nach Johanni?	Er schreit immer Kuckuck.
Was läuft ohne Beine durch die ganze Welt?	Die Sonne
Was kommt durch das Fenster, geht durch die Stube und bleibt doch in der Stube?	Der Sonnenschein

Was frißt und wird niemals satt?	Das Feuer.
Das ist ein Paar, Mann und Weib, doch beide haben keinen Leib. Wenn der eine kommt, muß der andere gehen.	Tag und Nacht.
Es hat noch nie zwei Tage hintereinander geregnet; wie kommt das?	Weil eine Nacht zwischen zwei Tagen liegt.
Da kam ein Vogel Federlos und setzte sich auf einen Baum Blattlos. Da kam die Jungfer Mundlos und fraß den Vogel Federlos vom Baum Blattlos.	Schnee und Sonne.
Wer baut Brücken ohne Holz?	Der Frost.
Es gibt eine Brücke, die hat kein Mensch gemacht, sie ist nicht von Stein und nicht von Holz, und es können doch Mensch und Pferd rübergehen.	Eis.
Was kann alle Sprachen reden?	Das Echo.

Wie schreibt man gefrorenes Wasser mit drei Buchstaben?	Eis.
Hinter mir Licht, vor mir dunkel. Was ist das?	Der Schatten.
Vier Brüder greifen sich, doch greift einer den anderen nicht.	Die vier Jahreszeiten.
Auf einem Baum sind 52 Nester, in jedem Nest sind sieben Junge; was ist das?	Das Jahr mit Wochen und Tagen.
In welchem Monat essen die Menschen am wenigsten?	Im Februar, dem kürzesten Monat.
Auf welchem Weg gibt es keinen Staub?	Auf dem Wasserweg.
Oben spitz und unten breit, durch und durch voll Heiligkeit, in der Mitte da steht ein Mann, der sieht alle Bauern an.	Kirche.
Wer redet und redet mitten im Holz und keiner gibt ihm Antwort?	Der Pfarrer auf der Kanzel.
Wer sieht zuerst in die Kirche?	Der Schlüssel.

In unserem Dorf steht ein langer Mann, der sieht sich alle Felder an.	Der Kirchturm.
Wer geht quer in die Kirche?	Der Täufling; er wird quer getragen.
Was ist in der Kirche das Frechste?	Die Fliege; sie setzt sich dem Pfarrer auf die Nase.
Was ist in der Kirche das Unnötigste?	Das Kanzeldach; in der Kirche regnet es nie.
Zwei Hasen laufen einen Weg entlang, kommen nie zusammen.	Die Augen.
Wer kann zwei Herren dienen und reitet auf einem dritten?	Die Brille.
Welche Menschen haben die Augen in der Tasche und die Füße in der Hand?	Die alten Menschen mit Brille und Krückstock.
Welche Feigen wachsen auf keinem Baum?	Die Ohrfeigen.
Es geht ein langer Herr über den Hof; er fürchtet sich mehr vor den Hühnern als vor dem Hund.	Der Regenwurm.

Es war einmal ein Mann, der ging in den Wald. Was er fand, schlug er tot, was er nicht fand, brachte er lebendig nach Hause.	Er hatte sich gelaust.
Von innen blank und von außen blank, in der Mitte Fleisch und Blut.	Der Fingerring.
Aus dem Wald gezogen, in der Werkstatt gebogen. Es ist gut gelungen und hat zu Hause gesungen.	Die Geige.
Der es macht, der will es nicht, der es trägt, behält es nicht, der es kauft, der braucht es nicht, dem es gehört, der weiß es nicht.	Der Sarg.
Es trägt und nährt ein Mütterlein viele, viele Kinderlein. Wenn sie dieselben großgenährt, sie wieder alle verzehrt.	Die Erde.
Was kann kein Mensch wiedererzählen?	Daß er gestorben ist.
Es gibt 27 Soldaten, die weder kochen noch braten, nur immer in Reihen marschieren, die Menschen zur Klugheit führen.	Die Buchstaben.

Zwei Väter und zwei Söhne, die schossen drei Hasen schöne. Ein jeder nahm einen ganzen und steckt ihn in seinen Ranzen.	Großvater, Vater und Sohn.
Neun Weiber gingen waschen, jedes Weib hatte neun Taschen. In jeder Tasche saßen neun alte Katzen, jede alte Katze hatte neun junge Katzen. Wieviel Katzen waren das?	6561
Wo hat die Welt ihr Ende und der Tod seinen Anfang?	Im Buchstaben T.
Loch an Loch und hält doch?	Die Kette.
Was ist unmöglich?	Einem nackten Mann in die Tasche zu fassen.
Es kam ein Fäßchen von Engeland, hatte keinen Boden und kein Band, war zweierlei Bier darin?	Das Ei.

Auf den Aufruf, uns Material zuzusenden, erhielten wir zahlreiche Zuschriften. Rudi Meitsch hat aus dem gesamten Material dieses Buch zusammengestellt. Wir danken noch einmal recht herzlich allen, die uns geholfen haben!

Verlag Gerhard Rautenberg

Die Einsender:

Gretel Balschinat, 3000 Hannover; Walther Brunk, 8552 Höchstadt/Aisch; Traudel Bublitz, 7000 Stuttgart; Gertrud Conrad, 3044 Tewel; Kurt Karl Conrad, 6200 Wiesbaden; Herbert Eitschberger, 4270 Dorsten; Hannelore Fischer, 3220 Alfeld; Rosemarie George, 4300 Essen; Helga Gorski, 3260 Rinteln; Georg Grentz, 3200 Hildesheim; Erika Hauff, 5024 Pulheim; Dr. U. Hellbardt, 6368 Bad Vilbel; Charlotte Jost, 3200 Hildesheim; Sabine Keller, 8858 Neuburg; Charlotte Kelmereit, 4150 Krefeld; Johanne Krüger, 2000 Wedel; Dora Kühnen, 4150 Krefeld; Helga Mitzlaff, 2950 Leer; Hedwig Ries, 3500 Kassel; Erich Ripka, 4330 Mülheim; Wilhelm Ruppenstein, 2000 Norderstedt; Helmut Seidler, 2980 Norden; Käthe Sender, 7760 Radolfzell; Ursula Siebel, 5900 Siegen/Feuerbach; Hans Tismar, 4800 Bielefeld; Erich Will, 5165 Hüstgenwald; Herbert Ziesmann, 7840 Müllheim

Literatur:

Frischbier, H.: Preußische Sprichwörter und volkstümliche Redensarten. Zweite vermehrte Auflage, 1865, Berlin

Reichermann, Wilhelm: Ut Noatange. Plattdütsche Spoaßkes. 1891–1904, Königsberg/Pr.

Betke, Bruno: Die Königsberger Mundart. 1924, Königsberg/Pr.

Plenzat, Karl: Der Ostpreußenspiegel. 1938, Leipzig

Grannas, Gustav: Plattdeutsche Volkserzählungen aus Ostpreußen. 1957, Marburg

Grannas, Gustav: Volk aus dem Ordensland Preußen erzählt Sagen, Märchen und Schwänke. 1960, Marburg